MARCO ⊕ POLO

Niederlande

Reisen mit Insider Tipps

W0178441

Diesen Führer schrieb Elsbeth Gugger.
Sie ist Korrespondentin des Schweizer
Radios DRS und lebt seit 1992 in
Amsterdam und Berlin.

www.marcopolo.de

Infos zu den beliebtesten Reisezielen
im Internet, siehe auch Seite 104

MAIRS GEOGRAPHISCHER VERLAG

MARCO POLO INSIDER-TIPPS:
Von unserer Autorin für Sie entdeckt

 MARCO POLO HIGHLIGHTS:
Alles, was Sie in den Niederlanden
kennen sollten

 HIER HABEN SIE EINE SCHÖNE AUSSICHT

WO SIE JUNGE LEUTE TREFFEN

PREISKATEGORIEN

Hotels		Restaurants	
€€€	über 120 Euro	€€€	über 23 Euro
€€	70–120 Euro	€€	16–23 Euro
€	bis 70 Euro	€	bis 16 Euro

Die Preise gelten für
ein Doppelzimmer mit
Frühstück.

Die Preise gelten für
ein Hauptgericht ohne
Getränke.

KARTEN

[114 A1] Seitenzahlen und Koordinaten
für den Reiseatlas Niederlande und die Karten
Amsterdam und Rotterdam

[U A1] Koordinaten für die Karte Den Haag
im hinteren Umschlag

[0] außerhalb des Kartenausschnitts

Zu Ihrer Orientierung sind auch die Orte mit
Koordinaten versehen, die nicht im Reiseatlas
eingetragen sind.

GUT ZU WISSEN

Orangefieber **17** · Niederländische Spezialitäten **20**
Club der Schaltjahrzwillinge? **43** · Lustfeindliche Lakritze **71**
»Wer flucht, sündigt« **76**

INHALT

Die wichtigsten
MARCO POLO Highlights

Sehenswürdigkeiten, Orte und Erlebnisse, die Sie nicht verpassen sollten

 Blumenausstellung im Keukenhof
Tulpen, Narzissen, Margeriten und Rosen im berühmtesten Garten Hollands (Seite 24)

 Rijksmuseum
Rembrandts Nachtwache und zahlreiche andere Bilder alter Meister lohnen den Besuch im wichtigsten Museum der Niederlande in Amsterdam (Seite 30)

 Mauritshuis
Im Königlichen Gemälde-kabinett in Den Haag hängen Werke holländischer und flämischer Meister (Seite 36)

 Kinderdijk
Kaum ein Motiv wird so oft fotografiert wie die 19 Windmühlen in der Nähe von Dordrecht (Seite 39)

 Käsemarkt
Schon seit 400 Jahren ist Freitag Käsetag in Alkmaar (Seite 54)

 Zuiderzeemuseum
Gucken Sie in Enkhuizen dem Segelmacher und dem Seiler bei der Arbeit zu (Seite 56)

 Groninger Museum
Regionale Geschichte und moderne Kunst in den spektakulärsten Museums-räumen, die die Niederlande zu bieten haben (Seite 57)

Freitag: Käsemarkt in Alkmaar

Dünen bis zum Horizont: Ameland

 **Ameland**
Seltene Vögel flattern Ihnen um den Kopf, wenn Sie auf der autofreien Insel in die Pedale treten (Seite 60)

 Kröller-Müller-Museum
Ein Juwel für Liebhaber moderner Kunst im größten Nationalpark der Niederlande (Seite 66)

 Nieuw Land Poldermuseum
Eine Schulstunde in Lelystad, die Spaß bringt: So macht man aus Wasser Land! (Seite 68)

 Bootsrundfahrt
Bei dieser einmaligen Stadtrundfahrt durch 's-Hertogenbosch fahren die Schiffe nicht nur unter Brücken durch (Seite 74)

 St.-Pietersberg-Grotten
Es ist kalt, und der Mergel bröckelt vor Ihren Augen ab – trotzdem ist dieser Tag unter Tage in Maastricht ein Erlebnis (Seite 76)

Windmühle in Kinderdijk

 Delta-Expo Neeltje Jans
Mit den Deltawerken haben die Niederländer dem Wasser den Kampf angesagt (Seite 85)

 Domburg
Das alte Seebad ist berühmt für sein spezielles Licht – schon Piet Mondrian ließ sich hier inspirieren (Seite 86)

 De Efteling
Märchenwald, Spukschloss und Wildwasserbahn begeistern nicht nur die Kleinen (Seite 99)

 Die Highlights sind in der Karte auf dem hinteren Umschlag eingetragen

Entdecken Sie die Tulpenmonarchie an der Nordsee!

Sie sind klein, fein, kosmopolitisch und modern: die Niederlande

Pedalpower statt Abgasschwaden: Die Holland-Räder machens leicht

Wenn ich an Holland denke, sehe ich breite Flüsse träge durch unendliches Flachland fließen.« Die erste Strophe dieses Gedichts von Hendrik Marsman kennt jedes niederländische Schulkind. Wasser spielt in diesem Land eine wichtige Rolle – das von oben und das Wasser in den zahlreichen Flüssen und Seen, Grachten und Kanälen, die das Land wie ein feinmaschiges Netz überziehen. Schließlich strömen hier der aus Deutschland kommende Rhein und die Maas aus Belgien quer durchs Land, um bei Rotterdam ins Meer zu münden.

Diese beiden Flüsse trennen die Niederlande gleichsam in zwei Teile. Während die Bevölkerung in den Gebieten *boven de grote rivieren* (oberhalb der großen Flüsse) hauptsächlich protestantisch geprägt ist, gelten die Menschen im katholischen Süden *(beneden de grote rivieren)* als Lebensgenießer, die gerne gut essen und trinken, Karneval feiern und im Allgemei-

Nirgendwo sonst auf der Welt gibt es solche Kanäle: Gracht mit Seerosen in Delft

nen unbeschwerter sind als die Bewohner der Nordprovinzen.

Wichtig ist auch die Nordsee, deren Strände eine große Anziehung auf die Touristenschar ausüben. Aber die Niederländer mussten sich immer auch vor dem Wasser schützen, denn Teile des 42 000 km^2 großen Gebiets der Niederlande liegen unter dem Meeresspiegel. Im Mittelalter bauten die Menschen ihre Behausungen auf Erdhügeln, die sie untereinander mit Dämmen und Deichen verbanden. Trotzdem kam es immer wieder zu Flutkatastrophen. Ein besonders schwerer Orkan verursachte 1916 so immense Schäden, dass man sich entschloss, die Zuiderzee mit einem Damm abzuschließen, der die ehe-

Geschichtstabelle

1. Jh. v. Chr.–4. Jh. n. Chr. Der Rhein bildet zwischen Nijmegen und Katwijk die Nordgrenze des römischen Imperiums

5.–6. Jh. Ende der römischen Vormacht, die Niederlande kommen zum Reich der Franken

7.–10. Jh. Christianisierung. Nach dem Tod von Karl dem Großen (814) fällt das fränkische Reich auseinander

11.–16. Jh. Deichbauten und Einpolderungen. Erste Städte entstehen, der Handel mit dem Ausland kommt auf

1568–1648 80-jähriger Krieg: Die Reformation und die Auflehnung der holländischen Städte und des Adels gegen das Regime Philipps II. von Spanien führen zur Unabhängigkeit

17. Jh. Goldenes Zeitalter: Blütezeit der holländischen Städte, der Schifffahrt, des Handels mit den Kolonien und der Kunst (Rembrandt, Vermeer). Das tolerante intellektuelle Klima zieht ausländische Gelehrte und Glaubensverfolgte an

1794–1813 Belgien und Niederlande unter französischer Herrschaft

1814 Königreich der Niederlande (mit Belgien unter König Wilhem I. von Oranien)

1830 Aufstand und Unabhängigkeit Belgiens

1863 Die Niederlande schaffen den Sklavenhandel ab

1914–1918 Die Niederlande sind im Ersten Weltkrieg neutral; 1917 allgemeines Wahlrecht für Männer, 1919 auch für Frauen

1932 Vollendung des Abschlussdamms: Die ehemalige Zuiderzee ist nun ein Süßwassersee und heißt IJsselmeer

1940–45 Bombardierung von Rotterdam, Besetzung des Landes durch die Deutschen. Mehr als 100 000 Juden werden deportiert

1994 Erstmals seit 1918 wird eine Regierungskoalition ohne Christdemokraten gebildet

2000 Feuerwerksexplosion in Enschede: 21 Tote, Tausende Verletzte und 400 total zerstörte Häuser sind die Bilanz

2002 Ermordung des Rechtspopulisten Pim Fortuyn zwei Wochen vor den Parlamentswahlen, die von den Christdemokraten gewonnen werden. Die Mitterechts-Koalition scheitert nach fünf Monaten an internen Querelen

2003 Christdemokraten gewinnen Neuwahlen knapp und regieren unter Ministerpräsident Jan Peter Balkenende weiter

malige Meeresbucht in den Süßwassersee IJsselmeer verwandelte. (Die niederländische *zee* entspricht dem deutschen Meer, während das niederländische *meer* einen See meint.) Der zweispurige, 30 km lange und 90 m breite *Afsluitdijk* mit großzügigen Radwegen und einer Durchfahrtmöglichkeit für Schiffe wurde 1932 eröffnet.

In all den Jahrhunderten haben sich die Niederländer nicht nur gegen die Fluten gewehrt, sondern rangen dem Wasser auch immer wieder Land ab. Sie haben Seen trockengelegt, mit Hilfe von Windmühlen Wasser aus den unter dem Meeresspiegel liegenden Gebieten abgepumpt und Teile des IJsselmeers eingepoldert. Manche städtische Ansiedlung befindet sich jetzt dort, wo einst Wasser war.

Typisch für die Polderlandschaft ist nicht nur das Topfebene, sondern auch der weite Horizont, der charakteristisch für das ganze Land

> *Charakteristisch für das Land ist der weite Horizont*

ist. Allerdings ist es nicht überall so platt: Im südlichsten Zipfel, beim deutsch-holländisch-belgischen Dreiländereck in der Provinz Limburg, erheben sich sanfte Hügel. Von Bergen zu sprechen wäre arg übertrieben – trotzdem nennen die Niederländer den mit 321 m höchsten Punkt des Landes stolz Vaalse Berg. Pulsierendes Herz der Provinz ist Maastricht, die südlichste Stadt des Landes, deren französisch beeinflusstem Charme und liebenswertem Dialekt man einfach erliegen muss.

Der kulturelle, historische und wirtschaftliche Schwerpunkt des Landes liegt aber nach wie vor in Holland, womit streng genommen nur die beiden westlichen Provinzen Noord- und Zuid-Holland gemeint sind. Zum Königreich der Niederlande gehören aber außer den Niederländischen Antillen und Aruba in der Karibik (den letzten Überbleibseln der Kolonialmacht Holland) und dem bereits erwähnten

Kanäle und Flüsschen, Grachten und das Meer: Wasser ist allgegenwärtig

Südzipfel Limburg noch neun weitere Provinzen: Friesland und Groningen im Norden, Drenthe, Overijssel und Gelderland im Osten, Flevoland und Utrecht im Zentrum sowie Noord-Brabant und Zeeland im Süden und Südwesten.

Der weite Horizont, so behaupten viele, findet auch in der Mentalität der Bevölkerung seinen Niederschlag: Hier ist man weltoffen und neugierig und verschließt die Türen nicht vor Fremden. Denn schon immer kamen Unterdrückte aus aller Herren Ländern. Im frühen Mittelalter waren es die portugiesischen Juden, dann die Hugenotten aus Frankreich. Später suchten Chinesen und Immigranten aus den ehemaligen Kolonien in Südamerika und Südostasien hier Zuflucht. In den letzten Jahrzehnten waren es vor allem Menschen aus dem südlichen und östlichen Mittelmeerraum. Es überrascht daher nicht, dass das niederländische Straßenbild sehr multikulturell wirkt.

Auf Grund der starken Immigration gibt es in den Niederlanden fast 1 Mio. Muslime und mehr als 300 Moscheen. Von den Einheimischen ist mittlerweile aber mehr als die Hälfte konfessionslos. Auf der anderen Seite der religiösen Skala findet man die nach überaus strengen Regeln lebenden Calvinisten. Doch nicht nur die Calvinisten, auch andere Bevölkerungsschichten haben sich ein Stückchen *domineescultuur,* Missionsgeist, zu Eigen gemacht: Man predigt im Land der Deiche ganz gerne im belehrenden Kanzelton.

Eine große Leidenschaft der Niederländer ist das Verreisen. Während jährlich fast 10 Mio. Touristen in die Fahrradmonarchie kommen und hauptsächlich in den Küstenregionen ein Häuschen, eine Ferienwohnung oder ein Hotelzimmer beziehen, begeben sich die Einheimischen am liebsten mit dem Wohnwagen auf Reisen. Schon in früheren Jahrhunderten durchkreuzten die reiselustigen Niederländer sämtliche Weltmeere mit ihren großen Segelschiffen. Sie eroberten ferne Länder und handelten mit exotischen Gütern. Im

»Wasser spielt in diesem Land eine wichtige Rolle«

heutigen Indonesien hatten sie sich ein Kolonialreich zugelegt und in Amerika Nieuw-Amsterdam, das heutige New York, gegründet. In erster Linie war es die Vereinigte Ostindische Handelskompanie (VOC), die den ganzen Seehandel kontrollierte; sie hat denn auch nicht unwesentlich zum Reichtum der Republik im 17. Jh. (dem »Goldenen Zeitalter«) beigetragen.

Den sprichwörtlichen Kaufmannsgeist haben die Holländer noch immer im Blut. Diesem ist es zu verdanken, dass sich das flächenmäßig kleine Land auf der Weltbühne so nachhaltig zu behaupten vermag. Die Niederländer besitzen mit Rotterdam den größten Hafen der Welt. Es gibt mehrere Multis wie den Nahrungsmittelkonzern Unilever, den Glühbirnen- und Elektronikhersteller Philips oder den Chemiegiganten Akzo Nobel. Im Agrarsektor gehören sie zu den Größten der Welt.

Die Niederlande sind ein ausgesprochen modernes Land mit einer Bevölkerung, die Veränderungen meist positiv gegenübersteht. Das war in den Aufbaujahren nach dem

Lebenslust und mediterranes Flair: Amsterdam am Rembrandtsplein

Zweiten Weltkrieg anders. Bis weit in die Sechzigerjahre galt das Königreich als Land spießbürgerlicher Zufriedenheit. Doch dann kamen die Jugendproteste gegen Bürgerlichkeit und Obrigkeit, und Hippies aus aller Welt feierten im Amsterdamer Vondelpark mit Joints die Flower-Power-Zeit. In jenen Tagen wurde auch die bis dahin für die Niederlande so typische *verzuiling* gesprengt. »Versäulung« bedeutete eine weltanschaulich gegliederte Struktur der Gesellschaft mit einer katholischen, einer protestantischen, einer liberalen und einer sozialistischen Strömung. Da jede dieser Säulen über alle relevanten kulturellen und gesellschaftlichen Organisationen und Einrichtungen verfügte, konnte man praktisch das ganze Leben im eigenen Segment zubringen, jede Säule konnte eigenständig neben der anderen existieren.

Diese Einträchtigkeit sowie der viel beschworene holländische Handelsgeist haben die Mentalität der Niederländer schon seit dem glorreichen 17. Jh. geprägt: Wer in einem kleinen Land seine Erträge mehren will, muss unerschlossene Märkte entdecken, Neuem gegenüber empfänglich sein und sich anbietende Möglichkeiten unerschrocken nutzen. Bis zum heutigen Tag ist dies zu spüren, etwa in der toleranten Haltung gegenüber Andersdenkenden, alternativen Lebensformen, Drogen oder Homosexualität.

Im Land der Deichbauer wird gerne mit den unterschiedlichsten Gesellschaftsformen experimentiert. Es gibt kaum ein Volk, das so schnell auf gesellschaftliche Umwälzungen reagiert und sich so flexibel auf neue Gegebenheiten einzustellen weiß. Das ist nicht weiter erstaunlich, schließlich mussten die Niederländer sich immer wieder anpassen, seis beim Kampf gegen das Wasser, beim Außenhandel, bei den Einwanderern oder in Religionsfragen.

> *Das tolerante holländische Modell findet viele Nachahmer*

Von Deichen, Tulpen und Poldern

Notizen zum Käse und zum Königshaus, zum Fußball und zu Windmühlen

Coffeeshops

Kein anderes Land pflegt einen so liberalen Umgang mit weichen Drogen wie die Niederlande. Seit den Siebzigerjahren werden harte von weichen Drogen getrennt. Der Staat duldet den Besitz einer kleinen Menge sowie den Verkauf und Konsum von Haschisch und Marihuana in speziellen Kneipen, den Coffeeshops: Neben der Getränkekarte gibt es hier eine für die Rauchwaren. Seit Mitte der Neunzigerjahre bläst den Cannabisfreunden ein rauerer Wind ins Gesicht, denn die zahlreichen illegalen Anbauflächen auf Dachböden und in Gewächshäusern, auf die die Polizei bei ihren Razzien immer wieder stieß, waren selbst für die tolerante niederländische Regierung zu viel des Guten. Seit 1995 sind im Eigenanbau nur noch maximal fünf Pflanzen erlaubt.

Deiche

Schon die ersten Siedler bauten Deiche, um ihre Häuser in dem vielfach unter dem Meeresspiegel liegenden Land vor dem Wasser zu

Riesige Tulpenfelder wie hier in Lisse sind eines der klassischen Wahrzeichen Hollands

schützen. Die meterhohen Wälle bestehen noch heute im Kern aus Sand, der mit einer dicken Tonschicht bedeckt wird. Im Poldermuseum in Lelystad wird sehr anschaulich ein Querschnitt eines Deiches gezeigt. Beim großen Hochwasser 1995 musste eine viertel Million Menschen evakuiert werden, weil entlang der Flüsse Deichbrüche befürchtet wurden. Seither sind die »holländischen Berge« vielerorts saniert und erhöht worden.

Deutsch-niederländische Beziehungen

Obwohl die deutsch-niederländischen Beziehungen in den letzten Jahren mit zahlreichen Konferenzen und Austauschprogrammen stimuliert wurden, gibt es in Holland noch immer viele Menschen mit starken Ressentiments gegen Deutsche. Wenn Sie etwas auf Deutsch und womöglich lautstark oder von oben herab fragen, wird man Ihnen sofort zu verstehen geben, dass Besserwisserei und Überheblichkeit nicht erwünscht sind.

Elfstedentocht

Holländer sind begeisterte Eisschnellläufer. Sobald im Winter das

Ein eisiges Vergnügen: die 200 km lange Elfstedentocht auf Frieslands Kanälen

Eis auf den Flüssen und Kanälen dick genug ist, ziehen sie in großen Scharen ihre Schlittschuhe an. Das absolut größte Spektakel ist die Elfstedentocht, eine Tagestour über 200 km durch elf Städte der Provinz Friesland. Diese kann allerdings nur stattfinden, wenn das Eis die 16 000 Eisläufer auch wirklich trägt. Im 20. Jh. war das gerade 15-mal der Fall, zuletzt im Januar 1997.

Erasmus von Rotterdam

Der bedeutende Humanist Erasmus Desiderius wurde 1466 oder 1469 in Rotterdam geboren und starb 1536 in Basel. Sein »Lob der Torheit«, ein satirisches Werk über die gesellschaftlichen und kirchlichen Missstände, verhalf ihm zu großem Ruhm. Mit seinen philosophischen Arbeiten übte Erasmus einen großen Einfluss auf die Reformation aus – von der er sich allerdings später distanzierte.

Heringe

Zeitungsinserate mit dem simplen Text *Hollandse nieuwe* – junge Heringe, die noch nicht gelaicht haben – läuten jedes Jahr im Juni die neue Heringssaison ein. Es ist die Zeit, in der die ganze Nation vor den rot-weiß-blauen *haringkarren* (fahrbaren Heringsständen) Schlange steht. Der Verzehr dieser Matjesheringe erfolgt nach einem ganz bestimmten Prozedere: In der linken Hand halten die Heringsliebhaber einen kleinen, rechteckigen Pappteller. Darauf liegen der Hering, eine Papierserviette und ein paar Zwiebelstückchen. Dann ergreifen sie mit Daumen und Zeigefinger der rechten Hand die Schwanzflosse der zartrosa Delikatesse, heben den rechten Arm etwas in die Höhe und führen den Fisch von oben senkrecht in die weit geöffneten und gen Himmel gerichteten Mund. Das Ganze wird mit einem Schluck eiskaltem Genever runtergespült.

Käse

Schon im 16. Jh. wurden in den Provinzen Noord-Holland, Friesland und Groningen runde Käselaibe hergestellt und auf den Märkten von Gouda und Alkmaar verkauft. Um 1800 grasten bereits 900 000 Kühe auf den Weiden; ihre Milch diente fast ausschließlich zur Käseproduktion. Rund um Enkhuizen an der damaligen Zuiderzee machten die Bauern »Süßmilchkäse«, jene Sorte, die heute als Edamer verzehrt wird. Im Südwesten, zwischen Leiden und Haarlem, wurde *komijnekaas* (Kreuzkümmelkäse) aus Magermilch hergestellt und rund um Utrecht die ersten Laibe Gouda, so wie wir diesen Käse noch heute kennen. Die ersten Käsefabriken entstanden Ende des 19. Jhs. und erlösten damit die Bauernknechte von der überaus schweren Arbeit.

Heute hat sich das Sortiment vervielfältigt. Käse ist noch immer ein wichtiges Exportprodukt: Von den über 600 000 t, die jährlich produziert werden, geht mehr als die Hälfte ins Ausland. Gleichzeitig ist in letzter Zeit ein Trend zur traditionellen, handwerklichen Käseherstellung festzustellen. Wenn Sie über Land fahren, werden Sie immer wieder Schilder mit der Bezeichnung *kaasboerderij* (Käsebauernhof) sehen. Diese Bauern bieten nicht nur ihren eigenen Käse an, sondern gewähren häufig auch Einblick in ihre Arbeit. In den Niederlanden wird (Goudaer) Käse in den folgenden Reifestufen verkauft: *jong* (vier Wochen gereift), *jong belegen* (acht Wochen), *belegen* (vier Monate), *extra belegen* (sieben Monate), *oud* (zehn Monate), *overjarig* (ein Jahr).

Königshaus

Laut Verfassung sind die Niederlande eine konstitutionelle Erbmonarchie mit parlamentarischem System, wobei Kabinett und Krone gemeinsam die Regierung bilden. Die Königin trägt jedoch keine politische Verantwortung, kann aber sehr wohl Einfluss nehmen, etwa bei der Koalitionsbildung nach Parlamentswahlen. Neben zahlreichen Repräsentationspflichten gehört es zu ihren Aufgaben, am dritten Dienstag im September, dem *prinsjesdag,* die Thronrede vorzulesen. Dabei handelt es sich um einen vom Kabinett verfassten Text mit dem Regierungsprogramm des kommenden Jahres. Königin Beatrix war seit 1966 mit dem Deutschen Claus von Amsberg verheiratet. Er starb 2003 nach langer Krankheit. Der Ehe entsprangen drei Söhne: Thronfolger Prinz Willem-Alexander (1967), Prinz Johan Friso (1968) sowie Prinz Constantijn (1969). Kronprinz Willem-Alexander ist seit 2002 mit der Argentinierin Máxima Zorreguieta verheiratet. Im Dezember 2003 bekamen sie ihr erstes Kind: Catharina-Amalia Beatrix Carmen Victoria, Prinzessin der Niederlande und Prinzessin von Oranien-Nassau. Sie wird nach Willem-Alexander den Thron besteigen.

Literatur

Obschon das Sprachgebiet mit 20 Mio. Holländischsprachigen im flämischen Teil Belgiens und in den Niederlanden eher bescheiden ist, haben die Niederländer im Lauf der Zeit viele wichtige Autoren hervorgebracht. Baruch Spinoza verschaffte sich im 17. Jh. mit seinen philosophischen Abhandlungen weltweite Anerkennung. Viel Beachtung fand im 19. Jh. Multatuli mit seinem Roman »Max Havelaar«, einer Anklage gegen die Schattenseite der Kolonialherrschaft in Niederländisch-Indien, dem heutigen Indonesien. Nach dem Zweiten Weltkrieg beherrschten vor allem Werke von Willem Frederik Hermans, Harry Mulisch und Gerard Reve die literarische Szene. Im deutschsprachigen Raum sind heute vor allem Cees Nooteboom und Connie Palmen ein Begriff.

Malerei

Rembrandt van Rijn, Frans Hals und Jan Vermeer van Delft waren schon im »goldenen« 17. Jh. weltberühmt. Im Amsterdamer Reichsmuseum, dem größten des Landes, findet man eine außergewöhnlich reichhaltige Sammlung mit allen alten Meistern. Im 19. Jh. folgte Vincent van Gogh – einen Großteil seiner Werke finden Sie im gleichnamigen Museum, ebenfalls in Amsterdam. Die herausragenden Maler des 20. Jhs. sind Piet Mondrian, Karel Appel und Corneille als Vertreter der Cobra-Gruppe (Kopenhagen, Brüssel, Amsterdam).

Poldermodell

Anfang der Achtzigerjahre setzten sich Regierung, Arbeitgeber und Gewerkschaften zusammen, um gemeinsam eine Lösung für das Problem der zunehmenden Arbeitslosigkeit zu finden. Mit den ausgehandelten Punkten – kürzere und flexiblere Arbeitszeiten sowie gemäßigte Lohnforderungen – schufen sie die Basis für eine wirtschaftliche Entwicklung, die Mitte der Neunzigerjahre schließlich zu einer der niedrigsten Arbeitslosenquoten der EU führte und im Ausland als Poldermodell bekannt geworden ist. Diese Treffen am runden Tisch sind ein typisches Beispiel für die so genannte *overlegcultuur* (Gesprächskultur), die auch andernorts Schule gemacht hat.

Sterbehilfe

Die Niederlande sind eines der wenigen Länder weltweit, die aktive Sterbehilfe gesetzlich geregelt haben. Ein Arzt darf unter ganz strikten Bedingungen *euthanasie* leisten. Voraussetzung ist unter anderem, dass der Patient unerträglich und aussichtslos leidet und dem Arzt gegenüber mehrmals den Todeswunsch äußert. Ferner muss der Arzt einen Kollegen hinzuziehen und den Fall einer Kontrollbehörde melden. Aktive Sterbehilfe wird

Der große Rembrandt wacht heute an dem nach ihm benannten Platz über Amsterdams Nachtleben

Orangefieber

Wenn die Nationalmannschaft spielt, gibts selbst Pudding und Pommes in Orange

Wenn im Fußball eine Europa- oder eine Weltmeisterschaft ins Haus steht, dann breitet sich in den Niederlanden ein orangefarbiger Flächenbrand aus. Orange ist nicht nur die Farbe des Königshauses, sondern ziert auch die Trikots der holländischen Nationalspieler. Deshalb hüllen sich die Untertanen von Königin Beatrix während einer WM oder EM in orangefarbene Gewänder und schmücken ihre Fenster und Autos mit gleichfarbigen Wimpeln. Käse, Kontaktlinsen und Kreditkarten sind plötzlich orange, genauso wie die Pommes in den Snackbars oder der Gips ums gebrochene Bein. In den Regalen der Supermärkte steht orangefarbener Pudding neben orangefarbenem Toilettenpapier.

von mehr als 90 Prozent der Bevölkerung gutgeheißen.

Tulpen

Die »Tulpen aus Amsterdam« stammen ursprünglich aus Zentralasien. Ende des 16. Jhs. pflanzte Carolus Clusius die erste Zwiebel dieses Liliengewächses im botanischen Garten in Leiden. Im 17. Jh. galt die edle Blume als Statussymbol: Damals kosteten drei Tulpenzwiebeln so viel wie ein Amsterdamer Grachtenhaus. Jeder Kauf musste dann auch vom Notar beglaubigt werden! Heute bestreiten die Niederlande 85 Prozent des weltweiten Tulpenhandels. Die 2000 Gartenbetriebe produzieren jährlich rund 4 Mia. Tulpenzwiebeln. Hauptanbaugebiet ist die *bollenstreek,* der »Tulpengürtel« zwischen Leiden und Den Haag.

Windmühlen

Früher waren es Zehntausende, heute gibt es in den Niederlanden noch etwa 1000 der typischen alten Windmühlen mit den vier Flügeln. Die meisten stehen unter Denkmalschutz und werden nur an speziellen Tagen – etwa dem nationalen Mühlentag am zweiten Maisamstag – betrieben. Bei Kinderdijk südöstlich von Rotterdam steht das größte Mühlenensemble der Welt. Eine größere Ansammlung authentischer Mühlen finden Sie auch im Freilichtmuseum Zaanse Schans nördlich von Amsterdam. Jahrhundertelang haben die Schöpfräder der Mühlen das sumpfige Gebiet der Niederlande entwässert. Heute übernehmen moderne Systeme wie Diesel- und Elektropumpanlagen diese Aufgabe. Vielerorts, etwa in der Provinz Zeeland oder auf dem Flevopolder zwischen Urk und Lelystad, werden Sie auf ganze Windmühlenparks zur Gewinnung der umweltfreundlichen Windenergie treffen. Es sind zeitgenössische Turbinen mit einem Rotor, die die historischen Flügelmühlen abgelöst haben.

Erbsensuppe und Eintopf, *dropjes* und *pannenkoeken*

Vom bodenständigen *stamppot* bis zur indonesischen Reistafel: eine Multikultiküche für Entdeckungslustige

Essen ist eine Lieblingsbeschäftigung der Niederländer. Kaum sitzen sie morgens im Zug oder stehen auf dem Weg zur Arbeit im Stau, klauben sie zum Frühstück *(ontbijt)* ein *broodje* aus der Tasche: meist zwei Scheiben Weißbrot mit Käse oder einer Scheibe Wurst. Manche bestreuen ihr Brot mit *hagelslag,* feinen Schokowürmchen. Kinder lieben auch die farbigen *muisjes,* Zuckerstreusel mit Anisgeschmack, auf ihrem Brot. Zur obligaten Kaffeepause gibts am Vormittag Gebäck – zumindest einen bescheidenen Keks. Mittags, zum *lunch* in der Kantine oder daheim, verzehren sie abermals ein *broodje.* Oft ersetzen sie den Käse durch anderen Belag, zum Beispiel eine panierte, in heißem Öl gebackene *kroket* aus Fleisch und Kartoffeln. In jedem Fall gehört ein Glas Milch dazu!

Nach Feierabend treffen sie sich zum Aperitif *(borrel)* in einem Café.

Amsterdam, »Venedig des Nordens« – im Sonnenschein an einer Gracht sitzend, klingt das plötzlich gar nicht mehr so abgedroschen

Natürlich gehören auch hier die entsprechenden *hapjes* (Snacks) dazu, zum Beispiel Käsewürfel. Meistens handelt es sich dabei um Maasdammer, die holländische Version des Emmentalers. Möglicherweise serviert man Ihnen aber auch Gouda – heute ein Sammelbegriff für zarten, leicht salzigen Käse aus roher Milch. Es gibt zahlreiche Varianten, die zum Teil mit Petersilie, Pfeffer, Knoblauch oder Gewürznelken angereichert werden. Edamer, der aus teilentrahmter Milch produziert wird und etwas würziger als Gouda schmeckt, konsumieren die Niederländer vor allem zu Hause.

Pünktlich um 18 Uhr steht schließlich das Abendessen *(avondeten)* auf dem Tisch. Trotz aller multikulturellen Einflüsse, an denen die Niederlande reich sind, besteht der *hollandse pot* noch heute vor allem aus Kartoffeln, Gemüse und Fleisch. Dabei ist, was in vielen Ländern nicht einmal die kleinen Kinder dürfen, in Holland die normalste Sache der Welt: das Zermanschen des Essens. 62 Prozent aller Niederländer üben sich tagtäglich

Niederländische Spezialitäten

Lassen Sie sich diese Köstlichkeiten gut schmecken!

andijviestamppot – Eintopf-gericht aus Endivien und Kartoffeln

asperges met krieltjes in botersaus – Spargel mit kleinen Frühkartoffeln in Buttersauce (limburgisches Frühlingsgericht)

bitterballen – runde *kroket*-Version (üblich zum Aperitif)

bolus – dünnes Brot mit (klebriger) Zucker-Zimt-Schicht (gehört in Zeeland zum Kaffee)

Brabantse koffietafel – reich-haltiges Brabanter Bauernfrühstück oder Brunch mit vielen Sorten (Roggen-)Brot, Mettwurst, Bauern-schinken und Apfelmus

erwtensoep – dicke Erbsensuppe (wird mit Pumpernickel und Katen-speck gegessen)

Fryske mosterdsoep – friesische Senfsuppe

gevulde koek – großer, runder Keks mit Marzipanfüllung

Haagse hopjes – typische Bonbons aus Den Haag

hutspot – Eintopfgericht aus Möhren, Zwiebeln und Kartoffeln

krentenbol – Rosinenbrötchen (zum Frühstück oder Lunch)

kroket – in heißem Öl gebackenes Fleisch-Kartoffel-Gemisch (als Lunchgericht zwischen zwei Brot-scheiben serviert)

oliebollen – in Zucker gewendeter Ölkrapfen

ontbijtkoek – Honigkuchen (wird zum Frühstück, mit etwas Butter bestrichen, gegessen)

ossenworst – rohe Rindfleisch-wurst (üblich zum Aperitif)

pannenkoeken – Pfannkuchen (werden in zahlreichen süßen und salzigen Varianten im *pannen-koekenhuis* gegessen)

poffertjes – kleine Eierkuchen

stamppot met boerenkool – Eintopf aus Kartoffeln und Grünkohl

stroopwafel – Honigsirupwaffel

Texelse lamsbout – Lammkeule aus Texel (bekannt für salzigen Geschmack)

uitsmijter – Katerfrühstück mit zwei Spiegeleiern, Schinken und Weißbrot

vla – dünne Puddingversion in vielen, oft der Saison angepassten Geschmacksrichtungen

vlammetjes – kleine Frühlings-rollen mit scharfer Sauce (üblich zum Aperitif)

in dieser Disziplin, wie eine Studie zu Tage gefördert hat.

Zwischen den Mahlzeiten sind die Holländer ausgesprochene Naschkatzen. Am liebsten kauen sie *dropjes,* Lakritze in allen Formen und Farben, die in den verschiedensten Geschmacksrichtungen von Pfefferminz über Lorbeer bis hin zu Salmiak verkauft werden.

Wenn die *dropjes*-Tüte leer ist, holen sie sich im nächsten Imbiss *patat met* – so lautet die einfache Bestellung für eine Portion Pommes frites mit Mayonnaise. Man kann die goldbraunen Fritten aber auch mit Erdnusssauce, Senf, Ketchup, Currysauce oder mit Zwiebeln bekommen. Pommesbuden sind in den Niederlanden so verbreitet wie Pizzerias in Italien. Vielerorts werden Sie auf eine Filiale von Febo, der bekanntesten Snackbarkette, stoßen. Die meisten dieser Lokale bieten eine reichhaltige Fastfoodkarte an. Bei Febo kann man sich außerdem warme Fertigsnacks wie Würstchen oder Hamburger aus dem Automaten holen: einfach das entsprechende Münzgeld einwerfen und das Fach mit dem gewünschten Inhalt öffnen.

Trotz der im Alltag nicht gerade anspruchsvollen Esskultur kann man in den Niederlanden äußerst lecker essen. Etwa in den zahlreichen *eetcafés,* einfacheren Restaurants, die oft schmackhafte Fleisch-, Fisch- oder vegetarische Menüs um 15 Euro anbieten. Ein Erbe der kolonialen Vergangenheit sind die vielen indonesischen Restaurants, die besonders zahlreich in Den Haag und Amsterdam anzutreffen sind und mit exotischen Köstlichkeiten wie Reistafeln aufwarten. Daneben gibts in den meisten Orten natür-lich auch eine reiche Auswahl aus der internationalen Küche, von chinesisch bis italienisch und von thailändisch bis japanisch.

Nachmittags und abends sitzen die Niederländer gerne in einem *bruine café,* wie diese typischen »braunen« Kneipen heißen. Solche Lokale haben meistens eine von Brauntönen dominierte Einrichtung mit hölzerner Wandtäfelung und einer langen Bar. Wundern Sie sich nicht über die als Tischtuch dienenden Teppiche.

Neben Kaffee und Tee ist Bier das beliebteste Getränk. Die meisten Kneipen verfügen über ein reichhaltiges Sortiment. Heineken, der Gerstensaft des einheimischen Biermultis, fehlt fast nirgendwo; ähnlich verbreitet sind Grolsch und Brand. Im Sommer, wenns warm ist, wird gerne Weißbier getrunken. Und wenn die Holländer Lust auf eine besondere Bierspezialität haben, bestellen sie belgisches Bier.

Das Schnapsbrennen hat eine ähnlich lange Tradition wie das Bierbrauen. Das Wort *genever* (Wacholderschnaps) taucht in alten Schriften erstmals 1608 auf. Wenn Sie einen echten Korn möchten, bestellen Sie ein Glas *korenwijn.* Bekannt ist auch der friesische *berenburger,* ein Kräuterschnaps. Die Schnapsgläser werden randvoll eingeschenkt, mit einem so genannten *kopje.* Man beugt sich zum Glas hinunter und schlürft den ersten Schluck. Falls die Reste in der Geneverflasche nicht mehr für ein volles Glas mit *kopje* reichen, müssen Sie dieses möglichst schnell austrinken: Der Wirt wird Ihnen aus der neuen Flasche gratis ein zweites Glas nachschenken – so will es ein alter Brauch.

Klompen, Kacheln, Kulinarisches

Von der Tulpenzwiebel bis zum Diamanten: Niederlandesouvenirs gibt es für jeden Geldbeutel

Tulpen, *klompen* (Holzschuhe) und Windmühlen, die drei wohl bekanntesten Symbole des Landes, stehen in den Souvenirgeschäften entsprechend hoch im Kurs. Die schnuckeligen Windmühlen kommen jedoch meist aus Hongkong und sind doch tatsächlich mit Flügeln versehen, die sich im Uhrzeigersinn drehen – dabei drehen sie sich bei einer echten Mühle andersherum!

Aus einheimischer Produktion stammen dagegen die 3 Mio. Paar Souvenir-*klompen,* die die Niederlandeurlauber jedes Jahr erwerben, zum Beispiel als Schlüsselanhänger, Flaschenöffner oder Käseschaber. Richtige *klompen* werden in den Niederlanden noch heute von Straßenpflasterern und Bauern getragen.

Viele »typische« Hollandsouvenirs sind mit blauen Motiven verziert und den Worten *origineel Delftsblauw* versehen. Vertrauen Sie ja nicht darauf – der Ausdruck *Delftsblauw* (Delfter Blau) ist nicht geschützt.

Touristenkitsch? Arbeitskleidung für Straßenpflasterer! Die tragen die Klompen freilich ohne Mühlenmotiv

Ein beliebtes Mitbringsel sind Tulpenzwiebeln, die Sie in jedem Souvenirgeschäft, aber natürlich auch auf Märkten oder in Gartencentern finden. Inzwischen sind auch biologisch gezüchtete Blumenzwiebeln auf dem Markt. Sie tragen das Gütesiegel EKO – wie alle biologisch erzeugten Produkte in den Niederlanden.

Leseratten sei der Gang in ein Buchantiquariat empfohlen. Vor allem in den größeren Städten gibt es sie in großer Zahl. Auch auf Antiquitätengeschäfte werden Sie immer wieder stoßen.

Als kulinarische Mitbringsel eignen sich zum Beispiel (außer einem großen Stück Käse) *stroopwafels.* Das sind runde, mit dickflüssigem Sirup gefüllte Waffeln. Auch Schnäpse sind beliebte Mitbringsel. Möchten Sie authentischen Korn, halten Sie Ausschau nach *korenwijn* oder *berenburger.*

Ein etwas kostbareres holländisches Souvenir ist ein Diamant. Der berühmte Amsterdamer Schliff ist unter Fachleuten nach wie vor ein Begriff für Qualität. Einen echten Diamanten, allerdings nur einen klitzekleinen, gibt es bereits ab 30 Euro.

Feste, Events und mehr

Vom Neujahrsschwimmen bis zum Sinterklaas: Das ganze Jahr über wird gefeiert

Eine Liste mit genauen Daten der verschiedenen Feste und Events wird jedes Jahr von der Niederländischen Fremdenverkehrszentrale (NBT) herausgegeben. Sie können sich aber auch bei den jeweiligen VVV-Büros nach Veranstaltungen erkundigen.

Sandburgenfestival Scheveningen

Feiertage
1. Januar: *Neujahrstag*
März/April: *Karfreitag* und *Ostermontag* (viele Geschäfte sind geöffnet)
30. April: *Koninginnedag,* Nationalfeiertag

4. Mai: *Dodenherdenking* (nationaler Gedenktag für die Opfer des Zweiten Weltkrieges)
5. Mai: *Bevrijdingsdag* (nationaler Gedenktag zur Befreiung von der deutschen Besatzung; nur alle fünf Jahre ein offizieller Feiertag)
Mai: *Christi Himmelfahrt*
Mai/Juni: *Pfingstmontag* (viele Geschäfte sind geöffnet)
25./26. Dezember: *Weihnachten*

Feste und Veranstaltungen
Januar
Internationales Filmfestival in Rotterdam
Nieuwjaarsduik Scheveningen: Neujahrsschwimmen in der Nordsee

Insider Tipp

Februar/März
Carnaval in Maastricht und anderen Orten im Süden

März
★ *Blumenausstellung* im Keukenhof in Lisse (bis Mai)
Antiquitätenmesse *The European Fine Art Fair* in Maastricht

Insider Tipp

April
Blumenkorso von Noordwijk nach Haarlem
Am 30. April *Koninginnedag* und *Vrijmarkt* im ganzen Land. Das Bier fließt in Strömen, und es wird auf

der Straße getanzt. Beim *Vrijmarkt* versuchen die Untertanen, Hausrat und Kleidungsstücke zu verhökern.

Mai

🏃 *Bevrijdingsfestival* am 5. Mai mit Popmusik an diversen Orten

Insider Tipp *Nationale Molendag:* Viele Windmühlen im ganzen Land können am zweiten Maisamstag besichtigt werden.

Dichterfestival *Poetry International* in Rotterdam

Flaggetjesdag in Scheveningen:

Insider Tipp Auftakt der Heringssaison

Juni

Zahlreiche kulturelle Veranstaltungen im Rahmen des *Holland Festivals* in Amsterdam

Insider Tipp *Oerol-Festival* Terschelling: Straßentheater auf der Insel

Ronde van Texel: die größte Katamaranregatta der Welt

Scheveningen International Sand Sculpture Festival: Europäische Teams bauen bis zu 5 m hohe Sandgebilde.

Gratispopfestival 🏃 *Parkpop* am letzten Juniwochenende in Den Haag

Juli

Skûtsjesilen, Segelregatten mit traditionellen Schiffen an verschiedenen Orten in Friesland

August

5 km Bücherstände auf dem *Boekenmarkt* in Deventer

Gondelvaart: Beleuchtete Gondeln fahren auf den Kanälen in Giethoorn.

September

Open Monumentendag: Landesweit öffnen ca. 3000 denkmalgeschützte Häuser ihre Pforten.

Konzerte auf der berühmten Müllerorgel (1738) in Haarlem

Blumenkorso am ersten Samstag von Aalsmeer nach Amsterdam

Oktober

Pop und Poesie auf dem *Crossing Border Festival* in Den Haag

Comics für Jung und Alt bei den *Stripdagen* in 's-Hertogenbosch

Dezember

Zum *Sinterklaasfeest* am 5. Dezember gehört eine *surprise,* ein Paket, das der Nikolaus gebracht hat. Es ist originell verpackt und wird mit einem selbst verfassten, meist witzigen Gedicht vorgetragen.

Insider Tipp *Grottenmarathon* voraussichtlich zweijährlich zwischen Weihnachten und Neujahr: mit Kopflicht, Helm und viel Tempo unter Tage unterwegs auf der Marathonstrecke im Grottenlabyrinth von Valkenburg

Flaggetjesdag in Scheveningen

Dynamik und Beschaulichkeit

Hollands pulsierendes Ballungszentrum mit alten Städten, moderner Architektur und idyllischen Grachten

Die drei größten Städte der Niederlande, Amsterdam, Den Haag und Rotterdam, liegen alle in der so genannten Randstad, dem Ballungsraum im Westen der Niederlande, der sich von der Nordseeküste bis Utrecht und Hilversum erstreckt. Hier wohnt über ein Drittel der 16 Mio. Niederländer. Damit gehört dieses Gebiet zu den am dichtesten besiedelten der Welt.

Obwohl die Randstad nur etwas mehr als zehn Prozent der Gesamtfläche einnimmt, laufen hier alle Fäden zusammen: Nicht nur Regierung und Königin, auch die meisten großen Firmen residieren in der Randstad – selbst der Elektronikmulti Philips hat seine Chefetage von Eindhoven nach Amsterdam verlegt. Die Start- und Landebahnen von Schiphol, dem größten Flughafen des Landes, liegen in der Nähe von Amsterdam. In der Medienstadt Hilversum befinden sich zahlreiche Funk- und Fernsehstudios. Darüber hinaus weist die Randstad die höchste Konzentration an Museen, Theatern und anderen Kultureinrichtungen auf.

»Baumhäuser« einmal anders: die Architektur Rotterdams ist spektakulär

Café Danzig: Terrasse an der Amstel

Die urbanen Ballungszentren der Randstad gruppieren sich um das so genannte *groene hart* (grüne Herz) herum. Dieses ausgedehnte Gebiet mit Seen, Flüssen, Kanälen und grasenden Kühen bildet einen markanten Kontrast zu den dicht besiedelten Städten. In dieser ländlich anmutenden Gegend suchen die gestressten Städter am Wochenende Erholung. Wie lange sie dort noch Ruhe finden werden, ist ungewiss: In naher Zukunft soll der Hochgeschwindigkeitszug Brüssel–Amsterdam durch dieses Idyll rasen. Und immer wieder hört man von Plänen zur Erschließung dieses Naherholungsgebietes für neue Wohnungen und neue Infrastruktur – und ebenso von entsprechenden Protesten der Umwelt- und Naturschützer.

Magere Brug: die meistfotografierte Amstelquerung ist Fußgängern vorbehalten

AMSTERDAM

 **Karte auf
Seite 128/129**

[118–119 C–D 2–3] Die niederländische Hauptstadt (740 000 Ew.) hat sich zur touristisch viertwichtigsten Stadt in Europa gemausert. Der historische Grachtengürtel, die zahlreichen Museen, das multikulturelle Flair und eine fast mediterrane Atmosphäre üben eine große Anziehungskraft aus. Am besten lernen Sie Amsterdam auf einem Spaziergang durch den Grachtengürtel kennen – oder bei einer Rundfahrt auf den Grachten. Ausführliche Informationen finden Sie im MARCO POLO Band »Amsterdam«.

SEHENSWERTES

Begijnhof **[128 C3–4]**
Besuchen Sie diese Oase der Ruhe, wenn Sie sich vom Stadtrummel etwas erholen möchten. Früher lebten in diesen typischen Grachtenhäuschen, die um eine Kirche gruppiert sind, Nonnen, die sich um Kranke kümmerten und den Armen Unterricht erteilten. Nummer 34 mit dem hölzernen Vorgiebel gilt als ältestes Haus von ganz Amsterdam (ca. 1420). *Tgl. 9–17 Uhr; Spui, www.begijnhofamsterdam.nl*

Blijburg **[0]** *Inside Tipp*
Nun hat auch Amsterdam einen (provisorischen) Sandstrand: Auf IJburg, dem aus dem Wasser entstandenen, neuen Stadtteil im Osten, wurde ein 250 m langer Sandstreifen angelegt. Im Gegensatz zu den Nordseestränden hat Blijburg allerdings einen Nachteil: Die Sonne versinkt nicht vor den Augen der Badenden, sondern hinter deren Rücken. *Bus 326 ab Hauptbahnhof*

**Bloemenmarkt
(Blumenmarkt)** **[128 C4]**
Schon seit dem 19. Jh. wird auf den schwimmenden Frachtkähnen an

der Singel der Blumenmarkt abgehalten. *Mo–Sa 9.30–17 Uhr; Singel*

Homomonument (Schwulendenkmal) [128 B2]

Das rosarote Dreieck an der Keizersgracht hinter der Westerkerk ist dem Andenken an die homosexuellen Opfer im Zweiten Weltkrieg gewidmet. Amsterdam war die erste Stadt mit einem solchen Denkmal.

Magere Brug [129 D5]

Von den etwa 1400 Amsterdamer Brücken ist diese weiße Klappbrücke vielleicht die berühmteste. Die heutige Brücke datiert aus 1969; sie ist etwas breiter als das Original von 1670. Der Brückenwärter öffnet sie etwa alle 20 Minuten, um Schiffe passieren zu lassen. *Amstel*

Vondelpark [128 A6]

Die größte und schönste grüne Lunge von ganz Amsterdam. Der 8 ha große Park wurde vom Landschaftsarchitekten Jan David Zocher gestaltet und 1865 eröffnet. Besonders am Sonntag ist er ein beliebtes Ausflugsziel für Familien, die mit Kind und Kegel ein Picknick veranstalten, Fußball spielen oder einfach nur in der Sonne sitzen. In den Sommermonaten gibt es nachmittags und abends von Mi bis So Gratiskonzerte beim *Openluchttheater. Stadhouderskade*

Westerkerk [128 B2]

Mit seinen 85 m ist der ✹ Turm der Westerkerk der höchste von Amsterdam. Der mühsame Aufstieg lohnt sich: Von oben haben Sie eine

---

MARCO POLO Highlights »Randstad«

★ **Boijmans van Beuningen**
Moderne Kunst von Picasso und Dalí bis Matisse und Kandinsky in dem Rotterdamer Museum (Seite 46)

★ **Hofjes**
35 grüne, idyllische Innenhöfe – Oasen der Ruhe mitten im Zentrum von Leiden (Seite 42)

★ **Rijksmuseum**
Rembrandt, Vermeer und weitere alte Meister im größten Museum der Niederlande in Amsterdam (Seite 30)

★ **Mauritshuis**
Weltberühmte alte Kunst in Den Haag, z. B. Vermeers »Ansicht von Delft« (Seite 36)

★ **Hafenrundfahrten**
Riesige Docks, Werften und Silos im Rotterdamer Hafen – dem größten der Welt (Seite 45)

★ **Kubushäuser**
Wie man in einem Würfel lebt, sehen Sie im Kijk Kubus in Rotterdam (Seite 45)

★ **Kinderdijk**
Bilderbuchholland: 19 Windmühlen in Reih und Glied (Seite 39)

★ **Scheepvaartmuseum**
Die Seefahrernation und ihre Schiffe sollten Sie sich in Amsterdam auf keinen Fall entgehen lassen (Seite 30)

schöne Rundsicht auf den Grachtengürtel. *April–Sept. tgl. 10–17 Uhr, 3 Euro, Prinsengracht 281*

Ajax-Museum [0]

Im Volksmund heißt das neue Stadion Amsterdam ArenA im Amsterdamer Südosten »Römertopf« oder »Fliegende Untertasse«. Hier trägt der Fußballclub Ajax seine Heimspiele aus. Im integrierten Ajax-Museum kann man sich von vergangenem Ruhm überzeugen: Pokale, Bilder, Videos mit den wichtigsten Toren und altgediente Fußballschuhe. *Geführte Touren durch Stadion und Museum tgl. 10–17 Uhr, 1 Std. 8,20 Euro, 2 Std. 9,10 Euro, Einzeleintritt ins Museum nicht möglich, Arena Boulevard 3, www.ajax.nl*

Anne-Frank-Huis [128 B2]

Die Geschichte des jüdischen Mädchens Anne Frank ist eine der berühmtesten des Zweiten Weltkriegs. Ihre Eltern flüchteten 1933 mit der 1929 in Frankfurt am Main geborenen Anne vor den Nazis in die Niederlande. Als auch Holland von den Deutschen besetzt war, tauchte sie 1942 mit ihren Eltern und anderen Juden in einem Hinterhaus an der Amsterdamer Prinsengracht unter, wo sie 1994 entdeckt wurde. 1945 wurde sie im KZ Bergen-Belsen von den Deutschen ermordet. Am eindrucksvollsten ist die als Bücherschrank getarnte Drehtür, hinter der sich der Zufluchtsort der Untergetauchten befand. Ende der Neunzigerjahre wurde die Gedenkstätte gründlich renoviert, wobei man versuchte, die Atmosphäre der Vierzigerjahre wieder aufleben zu lassen. Außerdem wurde ein Anbau errichtet, der als Schulungs- und Ausstellungsraum dient. *Tgl. 9–19 (April bis Aug. bis 21) Uhr, 6,50 Euro, Prinsengracht 263, www.annefrank.nl*

Hash Marihuana Hemp Museum [129 D3]

Die Geschichte der weichen Droge von den indischen Göttern bis zu den holländischen Kiffern, säuberlich in Glasvitrinen sortiert. *Tgl. 11 bis 22 Uhr, 5,70 Euro, Oudezijds Achterburgwal 148*

Rijksmuseum [128 B5–6]

★ Das größte Museum der Niederlande wird bis 2008 gründlich umgebaut. Das Hauptgebäude ist bis dann geschlossen. Jedoch werden im dazugehörenden Philipsflügel mehr als 400 Glanzstücke der umfangreichen Sammlung holländischer Meister aus dem 17. Jh. gezeigt. Darunter sind alle 18 Rembrandts, inklusive der berühmten »Nachtwache«, aber auch alle Werke von Johannes Vermeer, Jan Steen und Frans Hals. Weiter werden Glanzstücke aus der Möbel- und Silberkollektion gezeigt, und es gibt mehrere Beispiele von historischem Delfter-Blau-Porzellan zu sehen. *Tgl. 9–18 Uhr, 9 Euro, Stadhouderskade 42, www.rijksmuseum.nl*

Scheepvaartmuseum [129 F3]

★ Das Schifffahrtsmuseum beherbergt eine riesige Sammlung von alten nautischen Instrumenten und Salonbooten. Die vor dem Museum vertäute Amsterdam, die Originalnachbildung eines Ostindienfahrers, kann auch besichtigt werden. *Di–So (im Sommer tgl.) 10–17 Uhr, 7 Euro, Kattenburgerplein 1, www.scheepvaartmuseum.nl*

Stedelijk Museum [129 E2]

Das ursprüngliche Haus des Kunstmuseums an der Paulus Potterstraat wird umgebaut. Deshalb hängt die moderne Kollektion, die Werke von Cézanne, Picasso, Mondrian, Chagall, Matisse und anderen umfasst, bis 2007 im ehemaligen Postgebäude neben dem Hauptbahnhof. *Tgl. 11–17 Uhr; 7 Euro, Oosterdokskade, www.stedelijk.nl*

Van-Gogh-Museum [128 B6]

Zahllose Gemälde und 500 Zeichnungen des großen Malers finden Sie in diesem modernen, hellen Haus am Museumplein. *Sa–Do 10 bis 18, Fr 10–22 Uhr; 9 Euro, Paulus Potterstraat 7, www.vangogh museum.nl*

ESSEN & TRINKEN

Amsterdam [0]

Caférestaurant im ehemaligen Turbinenhaus der alten Wasserwerke. Internationale Küche. *Tgl., Watertorenplein 6, Tel. 020/682 26 66, www.caferestaurantamsterdam.nl, €–€€*

De Jaren [128 C4]

🏃 Modernes Grandcafé mit hohen Räumen und einer tollen Terrasse am Wasser. Großer Lesetisch mit internationalen Zeitungen. *So–Do 10–1 Uhr; Fr/Sa 10–2 Uhr; Nieuwe Doelenstraat 20–22, www.cafe-de-jaren.nl*

Insider Tipp

Kaap Kot [129 D3]

Insider Tipp

⚜ Abgelegenes Strandrestaurant mit toller Aussicht auf das neue Stadtviertel IJburg und das altehrwürdige Dorf Durgerdam. Die ausgezeichneten (Fisch-)Gerichte werden im Sommer auch auf der großen Sonnenterrasse serviert. *Tgl., IJdijk 9,*

Das stilvolle De Jaren macht dem Begriff »Grandcafé« alle Ehre

Tel. 020/692 98 16, www.kaapkot.nl, €€–€€€

Les Landes [0]

Dieses in einem einfachen südländischen Stil eingerichtete Lokal befindet sich gleich hinter dem Albert-Cuyp-Markt. Gepflegte französische Landküche. Reservieren! *So/Mo geschl., Daniël Stalpertstraat 93–95, Tel. 020/679 50 92, €€*

Orient [0]

Herrliches indonesisches Restaurant im vornehmen Stadtviertel Oud-Zuid. Jeden Mittwochabend gibt es für 18 Euro Reistafel – so viel Sie mögen. *Mittags geschl., Van Baerlestraat 21, Tel. 020/673 49 58, €€*

Szmulewicz   **[129 D4]**
Gemütliches *eetcafé* in einer Seitengasse gleich hinter dem Rembrandtsplein. *Mittags geschl., Bakkersstraat 12, Tel. 020/620 28 22, www.szmulewicz.nl, €*

Vertigo   **[128 A5]**
Hübsches Café im Gebäude des Filmmuseums im Vondelpark. Sonntags mit Jazzbrunch. Im Sommer kann man schön im Schatten der Kastanienbäume sitzen. *Tgl. 10–1 Uhr, Vondelpark 3, www.vertigo.nl*

Insider Tipp **VOC Café**   **[129 D2]**
Schnuppern Sie Seeluft in diesem gemütlichen Café in einem der ehemaligen Festungstürme von 1480. *So–Do 10–1, Fr/Sa 10–3 Uhr, Prins Hendrikkade 94, www. schreierstoren.nl*

EINKAUFEN

Die wichtigsten Einkaufsstraßen sind die Fußgängerzonen *Kalverstraat* und *Nieuwendijk.* Die eleganteste Konsummeile ist die *P. C. Hooftstraat* beim Rijksmuseum im vornehmen Stadtteil Oud-Zuid. In den Quersträßchen des Grachtengürtels finden Sie zahlreiche kleine Geschäfte, Boutiquen und Designwerkstätten mit einem überaus vielfältigen Angebot.

Condomerie Het
Gulden Vlies   **[129 D2]**
In der weltweit ersten Condomerie finden Sie Präservative in den verrücktesten Formen, Farben und Geschmacksrichtungen. *Warmoesstraat 141*

Kitsch Kitchen   **[128 A3]**
Küchen- und Einrichtungsartikel in schrillen Farben. Der Laden kann dem Vergleich mit einem mexikanischen Markt problemlos standhalten. *Rozengracht 8*

Magna Plaza   **[128 C3]**
🏃 Im ehemaligen Hauptpostamt auf dem Dam residiert heute eine ultramoderne Shoppingmall.

ÜBERNACHTEN

Ambassade   **[128 B3]**
Das Hotel besteht aus zehn alten Grachtenhäusern. Schöne Aussicht aufs Wasser. Frühzeitig reservieren! *59 Zi., Herengracht 335–353, Tel. 020/555 02 22, Fax 555 02 77, www.ambassade-hotel.nl, €€€*

Budget Hotel Arena   **[0]**
🏃 Kulturzentrum und Jugendherberge mit Doppelzimmern in einem. Viele Rucksacktouristen. *121 Zi., 's-Gravesandestraat 51, Tel. 020/850 24 00, Fax 850 24 15, www.hotelarena.nl, €*

Eureka Hotel
Amsterdam House   **[128 C4]**
Das weiße Haus mit den rosa Geranien auf den Fenstersimsen ist nur eine Minute vom Rembrandtsplein entfernt. Schöner Blick auf die Amstel. Das Hotel vermietet auch Studios, Wohnungen und Wohnboote im Zentrum. *16 Zi., 's-Gravelandseveer 3–4, Tel. 020/ 624 66 07, Fax 624 13 46, www. amsterdamhouse.com, €€€*

AM ABEND

In der Innenstadt, vor allem rund um *Leidse-* und *Rembrandtsplein,* gibt es zahlreiche Bars, Kneipen, Diskos und Musikcafés, die bis tief in die Nacht geöffnet sind.

Buurvrouw **[128 C3]**
Sehr populärer, alternativer Treff für Jung und Alt. *So–Do 20–3, Fr/Sa 21–4 Uhr, St. Pieterpoortsteeg 29*

Escape Venue **[129 D4]**
Die Indisko am Rembrandtsplein. Lange Warteschlangen am Eingang. *Fr/Sa 23–5, Do und So 23–4 Uhr, Rembrandtsplein 11, www.escape.nl*

Melkweg **[128 B5]**
Legendäres Jugendzentrum gleich hinter dem Leidseplein mit Café, Kino, Konzertsaal und Ausstellungsraum. Am Wochenende nach den Konzerten oft Disko. *Mi–So 14 bis 21 Uhr, je nach Veranstaltung auch länger, Lijnbaansgracht 234 a, www.melkweg.nl*

Odeon-Theater **[128 B4]**
Im ehemaligen Theatercafé wird heute getanzt – je nach DJ von House bis Sechzigerjahre. *So–Do 23–4, Fr/Sa 23–5 Uhr, Singel 460, www.odeontheater.nl*

Vergulde Gaper **[128 B2]**
Im Sommer sitzt man an der Gracht, im Winter lädt das gemütliche Sofa zum Verweilen ein. <mark>Stammkneipe</mark> *Insider Tipp* <mark>der Anwohner.</mark> *So–Do 10–1, Fr/ Sa 10–3 Uhr, Prinsenstraat 30*

Winston Kingdom **[129 D2]**
🏃 Coole Bar, die von Bohemiens, Künstlern und Touristen besucht wird. *So–Do 21–3, Fr/Sa 21–4 Uhr, Warmoesstraat 129, www.winston.nl*

AUSKUNFT

Im Bahnhof, Bahnsteig 2 b **[129 D1]***; Stationsplein 10* **[129 D1–2]***; Leidseplein 1* **[128 B5]***, Tel. 0900/ 400 40 40, Fax 020/625 28 69, www.visitamsterdam.nl*

ZIELE IN DER UMGEBUNG

Aalsmeer **[118 C3]**
Auf dieser größten niederländischen Blumenauktion werden täglich 19 Mio. Schnittblumen und

Eine Prise altes Holland können Sie im Fischerdorf Marken schnuppern

2 Mio. Topfpflanzen versteigert. 85 Prozent davon sind fürs Ausland bestimmt. *Mo–Fr 7.30–11 Uhr, 4 Euro, Bus 172 ca. 40 Min. ab Hauptbahnhof Amsterdam*

Marken [119 D2]

In diesem pittoresken Fischerdorf mit kleinen, grünen Holzhäuschen und hübschem Hafen können Sie eine Prise des alten Hollands schnuppern. Im Sommer ziehen die Frauen hier (für die zahlreichen Touristen) ihre Tracht an. Marken ist über einen 2 km langen Deich mit dem Festland verbunden. In der warmen Jahreszeit ist es ein beliebtes Ausflugsziel unter Amsterdamer Radlern. *Bus 111 ca. 40 Min. ab Hauptbahnhof Amsterdam*

Zaanse Schans [118 C2]

In diesem (bewohnten!) Museumsdorf mit Käsehaus und dem ersten Krämerladen der Supermarktkette Albert Heijn sieht man eine ganze Reihe von alten Mühlen. Eine Idylle, die aus einem Bild von Vermeer stammen könnte. *April–Sept. tgl. 8.30–18.30, Okt.–März 8.30 bis 17.30 Uhr, kein Eintritt, www.zaan seschans.nl*

den, und wer bis zum Danstheater am Spui spaziert, sieht es auf Schritt und Tritt: Den Haag scheut Veränderungen nicht.

Offiziell heißt Den Haag eigentlich 's-Gravenhage. Dieser Name geht auf den Jagdsitz zurück, den die Grafen von Holland hier einst im Zentrum hatten. Seit mehr als 500 Jahren dient Den Haag Herrschern und Regenten als Hauptsitz. Auch heute residieren Regierung, Parlament und Königin hier, ferner viele Botschaften und Organisationen wie der Internationale Gerichtshof oder das Kriegsverbrechertribunal der Uno für Exjugoslawien. Die Mischung aus Beamten und Diplomaten verleiht der Stadt einen Hauch von Internationalität, die man auch auf den Plätzen oder in den eleganten Geschäften spürt.

Zu Den Haag gehört der ehemalige Fischerhafen 🏃 *Scheveningen*, den Sie bequem vom Zentrum aus in etwa 20 Minuten mit der Straßenbahn erreichen. Hier flanieren Einheimische und Besucher auf dem Strandboulevard. Dutzende von Kneipen und Restaurants, von denen man eine tolle Sicht aufs Meer hat, laden zur Einkehr ein.

DEN HAAG

 Karte in der hinteren Umschlagklappe

[118 A4] Der Regierungssitz Den Haag hat noch immer den Ruf, vornehm und langweilig zu sein. Dabei hat sich die drittgrößte Stadt des Landes (440 000 Ew.) mit ihren zahlreichen Palais und Palästen in den letzten Jahren enorm gewandelt. Rund um den Hauptbahnhof sind viele neue Bürotürme entstan-

SEHENSWERTES

Binnenhof [U D4]

In all den Jahrhunderten war der Binnenhof der Mittelpunkt des politischen Geschehens in den Niederlanden. Noch heute tagt dort, wo einst Schlösser und Paläste der Grafen von Holland standen, das niederländische Parlament – allerdings in einem gläsernen Neubau, der die historischen Gebäude überragt. Beim Westeingang finden Sie ein altes Schloss mit einem großen Festsaal, dem *Ridderzaal.* Der Ridder-zaal und viele andere Gebäude des Binnenhofs können besichtigt werden, allerdings nur im Rahmen einer Führung und wenn in den Räumen nicht getagt wird. *Mo–Sa 10 bis 15.45 Uhr, durchschnittlich eine Führung pro Stunde, reservieren (Tel. 070/364 61 44), 5 Euro*

Omniversum Spacetheater   [0]

In Europas erstem Spacetheater, einer Kreuzung aus Planetarium und futuristischem Kino, kann man sozusagen die Töne fühlen, denn die dreidimensionale Projektion wird von Sechsspur-Stereoklängen begleitet. *Mo–Mi 10–17.15, Do bis So 10–21 Uhr, 8,80 Euro, President Kennedylaan 5, www.omniversum.nl*

Oude Stadhuis   [U C5]

Über dem Portal des Renaissance-rathauses (16. Jh.) prangt das Wappen von Den Haag. Oben in der reich verzierten Fassade kann man den lateinischen Spruch »Ne Jupiter Quidem Omnibus« (»Selbst Jupiter kann es nicht jedem recht machen«) lesen. *Groenmarkt*

Insider Tipp Panorama Mesdag   [U C3]

Hier können Sie sich ein Bild davon machen, wie es im ehemaligen Fischerdorf 1880 ausgesehen haben muss. Dank einer zylinderförmigen Leinwand bekommen Sie ein spektakuläres 120-m-Rundpanorama zu sehen. *Mo–Sa 10–17, So 12–17 Uhr, 4 Euro, Zeestraat 65, www.panorama-mesdag.com*

Vredespaleis
(Friedenspalast)   [U A2]

Dort wo zwischen den Weltkriegen der Völkerbund tagte, der Vorläufer

Binnenhof: (politischer) Mittelpunkt

der Uno, hat heute u. a. der Internationale Gerichtshof seinen Sitz. *Nur im Rahmen einer Führung zu besichtigen. Mo–Fr 10, 11, 14 und 15 Uhr, reservieren (Tel. 070/302 42 42), 3,50 Euro, Carnegieplein 2, www.vredespaleis.nl*

MUSEEN

Beelden aan Zee   [0]

Eindrucksvolle Skulpturensammlung zeitgenössischer Bildhauerkunst. Vom schönen ☀ *Zeezaal* wunderbare Aussicht auf Meer und Dünen. *Di–So 11–17 Uhr, 5 Euro, Scheveningen, Harteveltstraat 1, www.beeldenaanzee.nl*

Haags Gemeentemuseum   [0]

Stolz des Museums sind die vier Säle mit Werken von Piet Mondrian.

Im gleichen Haus gibt es außerdem eine Galerie, in der wechselnde Modeausstellungen stattfinden. Zu sehen sind außerdem Haager Silber, Delfter Porzellan und eine große Musikabteilung mit traditionellen europäischen Instrumenten. *Di–So 11 bis 17 Uhr, 7,50 Euro, Stadhouderslaan 41, www.gemeentemuseum.nl*

Mauritshuis [U D4]

★ Dieses bedeutende Museum, das auch *Koninklijk Kabinet van Schilderijen* (Königliches Gemäldekabinett) genannt wird, steht in unmittelbarer Nähe zum *torentje*, dem Büro des Ministerpräsidenten neben dem Parlamentsgebäude. In dem Palais aus dem 17. Jh. finden Sie eine feine Kollektion von holländischen und flämischen Meistern. Die berühmtesten Bilder sind Rembrandts »Anatomische Lektion von Dr. Nicolaes Tulp«, die »Ansicht von Delft« von Jan Vermeer sowie die »Ansicht von Haarlem« von Jacob van Ruisdael. *Di–Sa 10 bis 17, So 11–17 Uhr, 7 Euro, Korte Vijverberg 8, www.mauritshuis.nl*

Museon [0]

Vor Ihren Augen entfaltet sich hier eine faszinierende Geschichte in Wort, Foto und Film über den Menschen und seine Welt. In diesem populärwissenschaftlichen Museum finden Sie alles über moderne Kommunikation und Computer, ferne Länder und andere Kulturen, Wissenschaft und Technik, Weltall und Planeten. *Di–So 11–17 Uhr, 6 Euro, Stadhouderslaan 41, www.museon.nl*

National Sea Life [0]

Erstaunlich, was in der Nordsee so alles lebt! Haie, Rochen, Quallen –

in diesem »Unterwassermuseum« mit tropischem Riff sind die Meeresbewohner fast zum Anfassen nah. *Tgl. 10–18, Juli/Aug. 10–20 Uhr, 9,50 Euro, Scheveningen, Strandweg 13, www.sealife.nl*

ESSEN & TRINKEN

Bij Mij [U C5]

Die französisch inspirierten Gerichte, die die beiden Wirte Eric und Eric in ihrem Restaurant im Herzen der Stadt servieren, schmecken vorzüglich. Lassen Sie sich auch von dem Sortiment in der außergewöhnlichen Teedose überraschen! *Mittags geschl., Nobelstraat 13, Tel. 070/345 40 17, www.bijmij.nl, €–€€*

Restaurant Bogor [0]

Authentisches indonesisches Restaurant in einem Haager Reihenhaus, etwas außerhalb des Zentrums. *Mittags geschl., Van Swietenstraat 2, Tel. 070/346 16 28, €*

Boterwaag [U C5]

Traditionelles Café (und Restaurant) am historischen Marktplatz. Das Haus stammt von 1681. Im großen, offenen Raum hängt eine alte Waage. *So–Do 10–1, Fr/Sa 10 bis 1.30 Uhr, Grote Markt 8a*

Cap Ouest [0]

Das Essen schmeckt herrlich in diesem Restaurant mit großer Terrasse im Hafen von Scheveningen. Reiche Auswahl an Fischgerichten. *Tgl., Schokkerweg 37, Tel. 070/350 50 23, €€€*

Danton [U E6]

Am Ufer der hübschesten Gracht in Den Haag. Das Interieur ist klar und ohne Schnörkel, die Küche originell und exquisit. *Mo/Di sowie mittags geschl., Groenewegje 115, Tel. 070/380 19 86, €€*

Café Greve   [U C5]
Das mondäne Café wurde nach dem Architekten benannt, der (gleich nebenan) das erste Parkhaus der Niederlande gebaut hat. *So–Di 10–24, Mi/Do 10–1, Fr/Sa 10 bis 1.30 Uhr, Torenstraat 138*

Max   [U C4]
Informell und trendy. Auf der Speisekarte stehen asiatische und mediterrane Gerichte. *Mo und mittags geschl., Prinsenstraat 42a, Tel. 070/427 61 68, €*

Posthorn   [U D3]
Renommiertes altes Haager Café gegenüber der amerikanischen Botschaft. Im Sommer sitzt man auf der Terrasse unter den Bäumen. *Mo–Sa 9–1, So 9–17 Uhr; im Sommer ab 8 Uhr, Voorhout 39a*

Insider Tipp

St. Pieter Eten en Drinken   [U B4]
Die Geschwister Gabrielle und Sjef empfangen Sie zwischen Heiligenbildern und lassen Sie in einem alten Zugcoupé Platz nehmen. Ungewöhnlich, aber lecker. Im Sommer können Sie auch auf der Dachterrasse essen. *Mittags und Mo geschl., Pieterstraat 10, Tel. 070/364 86 86, €€*

EINKAUFEN

Haagse Passage   [U D5]
Zwischen der Spuistraat und dem Buitenhof finden Sie den Glaskuppelbau der Haagse Passage mit zahlreichen Geschäften und Boutiquen.

ÜBERNACHTEN

Hotel Noordzee   [0]
Einfach, freundlich und in unmittelbarer Nähe des Scheveninger Strandes. *44 Zi., Seinpostduin 24, Tel. 070/352 02 04, Fax 352 26 83, www.zonenzee.nl, €€*

Hotel des Indes Intercontinental   [U D3]
Tradition und Luxus im Herzen der Stadt. *76 Zi., Lange Voorhout 54–56, Tel. 070/361 23 45, Fax 361 23 50, www.desindes.com, €€€*

Hotel Petit   [0]
Hübsches altes Haus ein paar Schritte vom Zentrum. *20 Zi., Groot Hertoginnelaan 42, Tel. 070/346 55 00, Fax 346 32 57, €€*

AM ABEND

Während die Innenstadt kurz nach Mitternacht in einen Dornröschenschlaf fällt, geht es am Boulevard in Scheveningen noch lange hoch her.

Danzig   [U E4]
Diskocafé mit wechselnden DJs. *Fr/Sa 23–5 Uhr, Lange Houtstraat 9*

Sandokan   [0]
Bar und Disko nahe Scheveningen. *Fr/Sa 22–3 Uhr, Westduinweg 232*

Tahiti   [0]
In dieser Disko am Strand kanns ganz schön heiß werden. *Do–Sa, im Sommer Do–So 21–5 Uhr, Strandweg 43*

AUSKUNFT

Den Haag: Nassaulaan 25 [U C2] und *Koningin Julianaplein 30*

[U F4], *Tel. 0900/340 35 05, Fax 070/361 79 15, www.denhaag. com; Scheveningen: Gevers Deynootweg 1134* **[O]**, *Tel. 0900/ 340 35 05, Fax 070/352 04 26*

ZIEL IN DER UMGEBUNG

Wassenaar   [118 A4]

Wenn Sie wissen möchten, in was für Häusern die reichen Holländer wohnen, können Sie sich in diesem etwa 10 km nördlich gelegenen Vorort von Den Haag einen guten Eindruck verschaffen.

DORDRECHT

[123 F2–3] Am Zusammenfluss der Flüsse Merwede, Noord und Oude Maas liegt Dordrecht, eine der ältesten Städte der Niederlande (120 000 Ew.). Diese günstige Verkehrslage bescherte dem rund 20 km südöstlich von Rotterdam gelegenen Ort vom 13. bis ins 16. Jh. üppige Zolleinnahmen. Vom ehemaligen Reichtum zeugen bis heute zahlreiche Patrizier- und Speicherhäuser. Die Gebäudefronten an den Kanälen gehören zu den schönsten in Holland.

SEHENSWERTES

Groothoofdspoort

Das stattliche Tor am *wijnhaven* (Weinhafen) ist das letzte Überbleibsel der Stadtmauern aus dem Jahr 1326.

Grote oder Onze Lieve Vrouwekerk

Das Wahrzeichen der Stadt, die in der Nähe des Hafens liegende, spätgotische Onze Lieve Vrouwekerk, ist das einzige Gotteshaus in Holland, das kein hölzernes, sondern ein schweres, steinernes Gewölbe aufweist. Im Inneren der Kirche fallen hauptsächlich das geschnitzte, mit Bibelszenen geschmückte Chorgestühl aus dem Mittelalter und die Marmorkanzel auf. Der 70 m hohe ✦ Kirchturm mit den vier barocken Turmuhren hat sich im Lauf der Zeit gesenkt und steht schief. Er kann trotzdem bestiegen werden. *April–Okt. Di–Sa 10.30 bis 16.30, So 12–16 Uhr, Nov./ Dez. jeden 1. und 3. Sa im Monat, Turmbesteigung 1,50 Euro, Lange Geldersekade 2*

MUSEEN

Dordrechts Museum

Im ehemaligen städtischen Irrenhaus hängt eine Sammlung sehenswerter Gemälde von Dordrechter Künstlern aus dem 17. Jh., etwa Werke von Albert Cuyp, Nicolaes Maes und von dem Rembrandt-Schüler Ferdinand Bol. *Di–So 11–17 Uhr, 5 Euro, Museumstraat 40, www.museum.dordt.nl*

Simon-van-Gijn-Museum

Der ehemalige Bankier und Kunstsammler Simon van Gijn hat sein Wohnhaus aus dem 19. Jh. der Stadt als Museum überlassen. Große Spielzeugsammlung. *Di–So 11–17 Uhr, 5 Euro, Nieuwe Haven 29*

ESSEN & TRINKEN

Knollen en Citroen

In diesem historischen Haus kommen flämische und niederländische Menüs auf den Tisch. *Mittags und Di geschl., Groenmarkt 8, Tel. 078/614 05 00, €€€*

Im Juli und August sind die 19 Windmühlen von Kinderdijk in Betrieb

De Sinjoor Dordrecht
In diesem winzigen historischen Gebäude mit seinem Renaissancegiebel von 1550 schmecken die Fleisch- und Fischgerichte vom Grill vorzüglich. Unbedingt reservieren! *So-Abend geschl., Voorstraat 282, Tel. 078/631 39 31, €€*

ÜBERNACHTEN

Dordrecht
Ein freundliches, denkmalgeschütztes Herrschaftshaus am Hafen. *21 Zi., Achterhakkers 72, Tel. 078/613 60 11, Fax 613 74 70, www. hoteldordrecht.nl, €€ – €€€*

AUSKUNFT

Stationsweg 1, Tel. 0900/463 68 88, Fax 078/613 17 83, www.dordt.nl/toerisme

ZIEL IN DER UMGEBUNG

Kinderdijk [123 F2]
★ Gut 15 km nördlich von Dordrecht sehen Sie wie Bleisoldaten in Reih und Glied 19 denkmalgeschützte Windmühlen. Sie wurden im 18. Jh. gebaut und gehören heute zu den beliebtesten Touristenattraktionen des Landes. *April bis Sept. tgl. 9.30–17.30 Uhr, 2,50 Euro, Nederwaard 5, www.kinderdijk.nl*

HAARLEM

[118 B2] Die Hauptstadt der Provinz Noord-Holland am Fluss Spaarne ist ein hübscher, typisch holländischer Ort mit 150 000 Ew., der im Gegensatz zum benachbarten Amsterdam richtig gemütlich wirkt. Im historischen Zentrum rund um den großzügig angelegten Marktplatz finden Sie zahlreiche alte *hofjes*, um intime Innenhöfe gruppierte Wohnanlagen.

SEHENSWERTES

Grote oder St. Bavokerk
Die monumentale Kirche auf dem Marktplatz war ein beliebtes Sujet für Maler. Aber auch das Interieur hat viel zu bieten, etwa ein kupfernes Chorpult von 1499 und ein geschnitztes Chorgestühl aus dem

16. Jh. Daneben befindet sich die Grabstätte von Frans Hals – er zählt neben Rembrandt und Vermeer zu den bedeutendsten holländischen Malern des Goldenen Zeitalters. Das Prunkstück der Kirche ist die *Insider Tipp* von 1738 stammende Orgel von Christian Müller. 1766 soll Mozart als Zehnjähriger hier gespielt haben. *Tgl. 10–16 Uhr, 1,50 Euro, Grote Markt, www.grotekerk.nl*

MUSEEN

Frans-Hals-Museum
Neben Werken des Malers finden Sie hier eine interessante Sammlung von Porträts und Stillleben aus dem 17. Jh. Prunkstücke sind allerdings die großen Regentenstücke von Frans Hals. *Di–Sa 11 bis 17, So 12–17 Uhr, 7,90 Euro, Groot Heiligland 62, www.frans halsmuseum.nl*

Teylers Museum
Der Seidenhändler Pieter Teyler van der Hulst war ein großer Kunstsammler und Liebhaber von alten Forschungsgeräten, Fossilien, Skeletten und Mineralien. Das bereits 1778 eröffnete Museum ist das *Insider Tipp* älteste der Niederlande. Bis heute ist die damalige Atmosphäre in den tollen alten Räumen zu spüren. *Di bis Sa 10–17, So 12–17 Uhr, 5,50 Euro, Spaarne 16, www.teylersmu seum.nl*

ESSEN & TRINKEN

De Ark
Internationale Küche (auch vegetarisch) mit französischem Touch in geselliger Atmosphäre. *Mittags geschl., Nieuw Heiligland 3, Tel. 023/ 531 10 78, €€*

Fortuyn
Hier können Sie mittags ein Brötchen mit Brennnesselkäse oder einen Nusssalat verzehren oder sich abends mit internationaler Küche stärken. Einladend: der großzügige Lesetisch. *Tgl., Grote Markt 23, Tel. 023/542 18 99, €€*

Franzen
Sehr im Trend bei jungen Managern und Bankern. Es gibt vorwiegend französische Küche, aber auch Paella. *Mittags und Mo geschl., Kleine Houtstraat 44, Tel. 023/ 532 87 30, €€€*

Restaurant Metzo
Hier sind vor allem die herrlichen Fischgerichte zu empfehlen. *Tgl., Warmoesstraat 21, Tel. 023/ 532 23 98, www.metzo.nl, € – €€*

ÜBERNACHTEN

Carlton Square Hotel
Bequemes Hotel am Rand des Zentrums. *124 Zi., Baan 7, Tel. 023/ 531 90 91, Fax 532 98 53, www. carlton.nl, €€*

AM ABEND

Proeflokaal In Den Uiver
Gemütliche Bar mitten in der Stadt. Donnerstags ab 21.30 und sonntags ab 17 Uhr spielt eine Jazzkapelle. *Mo–Do 15–2, Fr–So 14–4 Uhr, Riviervismarkt 13*

Sound
Disko im Zentrum. Die Musikpalette reicht von Siebzigerjahreoldies über House bis zu Rhythm 'n' Blues. Am Freitag werden Dance Classics gedreht. *Mi–So 22–5 Uhr, Lange Bogaardstraat 11*

Stationsplein 1, Tel. 0900/616 16 00, Fax 023/534 05 37

ZIELE IN DER UMGEBUNG

Bloemendaal aan Zee [118 B2]
Rund um das vornehme Villendorf finden Sie die höchsten Dünen der Niederlande. Der 50 m hohe Aussichtspunkt ist an Wochenenden ein beliebtes Ziel für Radler und Wanderer. Amsterdamer Hippies und jugendliche Trendsetter zieht es dagegen an den Strand von Bloemendaal: Man findet sie abends vor allem im Strandpavillon Woodstock.

Insider Tipp

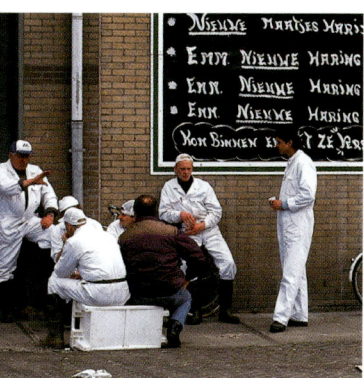

Für Frühaufsteher: öffentliche Fischauktion im Hafen IJmuiden

IJmuiden [118 B2]
Hier mündet der 25 km lange Nordzeekanaal, der Amsterdam mit IJmuiden verbindet, ins Meer. Die Schleusenanlagen unweit der Hoogovens-Stahlwerke mit ihren qualmenden Schloten gehören zu den größten der Welt. Beim Spaziergang auf dem weit ins Meer ragenden Pier können Sie die ein- und aus-

fahrenden Ozeanriesen beobachten. Am frühen Morgen findet im Hafen die öffentliche Fischversteigerung statt.

Zandvoort [118 B2]
Am Wochenende tummelt sich halb Amsterdam auf dem breiten Sandstrand dieses Badeorts an der Nordsee. Leider ist das mondäne Seebad (16 000 Ew.) in den letzten Jahren mit hässlichen Apartmenthochhäusern verschandelt worden. Bekannt ist Zandvoort auch für die 4,2 km lange Autorennstrecke, auf der heute aber keine Formel-1-Rennen mehr ausgetragen werden. Abseits vom großen Baderummel finden Sie Erholung im nördlich von Zandvoort gelegenen *Nationalpark Kennemerduinen*.

LEIDEN

[118 B4] Die pittoresken Grachten werden von dem durch Leiden fließenden Oude Rijn (Alter Rhein) gespeist und bilden zusammen mit den altehrwürdigen Plätzen und Straßen eine attraktive Szenerie. In dieser geschichtsträchtigen Stadt (120 000 Ew.), die einst das zweitwichtigste Zentrum der niederländischen Textilindustrie war, gibt es noch zahlreiche historische Bau- und Kunstdenkmäler. Sie überstanden die Jahrhunderte, weil sich die später relativ arm gewordene Bevölkerung keine Neubauten leisten konnte. 1575 gründete Wilhelm von Oranien hier die erste Universität der Niederlande. Außerdem wurden in Leiden die Maler Rembrandt van Rijn und Jan Steen geboren (das VVV-Büro organisiert Touren »Auf den Spuren von Rembrandt«). Eine Reise nach Leiden ist besonders im Frühling, wenn die Tulpen auf den Feldern rings um die Stadt blühen, überaus reizvoll.

SEHENSWERTES

De Burcht

◁🎋▷ Auf diesem Hügel mit der Burg aus dem 11. Jh. suchte die Bevölkerung früher Zuflucht vor dem Wasser. Heute hat man von hier aus eine schöne Aussicht über die Stadt. *Mo–Sa 10–23, So 11–23 Uhr, kein Eintritt, Burgsteeg*

Hofjes

⭐ In der Innenstadt von Leiden gibt es zahlreiche malerische *hofjes* (Wohnhöfe). Das VVV-Büro organisiert Touren durch die *hofjes* der Stadt.

Insider Tipp Hortus Botanicus

An der Rapenburg, einer der schönsten Grachten Hollands, liegt das Hauptgebäude der Universität. Gleich dahinter befindet sich der Botanische Garten, eine beliebte Oase der Ruhe mitten im Zentrum.

Hier pflanzte Carolus Clusius 1593 die erste Tulpenzwiebel und legte so den Grundstein für das noch heute blühende Tulpengeschäft. *Tgl. 10–18 Uhr, 4 Euro, Rapenburg 73, www.hortus.leidenuniv.nl*

Schuitje Vaart

Die Stadt und ihre zahlreichen Grachten können von April bis September auch mit einem Rundfahrtboot besichtigt werden. *5 Euro, 2e Haverstraat 48*

St. Pieterskerk

Spätgotische Basilika mit einer Orgel von 1641. Viele Gelehrte und Künstler haben hier ihre letzte Ruhe gefunden, unter anderem der Maler Jan Steen. Die Kirche wird heute vor allem für Ausstellungen und Veranstaltungen genutzt. *Tgl. 13.30–16 Uhr, So um 14 Uhr Führungen, kein Eintritt, Kloksteeg 16*

MUSEEN

American Pilgrim Museum

Die Geschichte der Mayflower und der Pilgerväter, die einige Zeit in Lei-

Die hofjes in Leiden: Wohnen im Grünen mitten in der Stadt

Club der Schaltjahrzwillinge?

Kein Problem im Land der unbegrenzten Unmöglichkeiten

So abstrus ein Anliegen auch sein mag, in den Niederlanden wird immer gleich eine Vereinigung gegründet, die sich des Problems annimmt. So hat die Stiftung Gegen Akustische Umweltverschmutzung genauso eine Daseinsberechtigung wie die Vereinigung der Schrägdach-Dachdecker oder der Club der Schaltjahrzwillinge. Ebenso selbstverständlich sind aber auch die Selbsthilfegruppe für Außerirdische oder die Vereinigung Verlegener Menschen.

den verbrachten, ehe sie das Schiff nach Amerika bestiegen. *Mi–Sa 13 bis 17 Uhr, 2 Euro, Beschuitsteeg 9*

Naturalis
Das Geheimnis der Evolution in Bildern und ausgestopften Tieren. Zur Kollektion gehören auch zwei Dinosaurier und ein Mammut. Und in der Schatzkammer gibt es seltene Edelsteine zu bewundern. *Di–So (in der Ferienzeit auch Mo) 10–18 Uhr, 6 Euro, Darwinweg, www.naturalis.nl*

Rijksmuseum van Oudheden
Im Reichsmuseum für Altertümer können Sie archäologische Funde aus verschiedenen Teilen der Welt betrachten. *Di–Fr 10–17, Sa/So 12–17 Uhr, 6 Euro, Rapenburg 28, www.rmo.nl*

Rijksmuseum voor Volkenkunde
Das Völkerkundemuseum veranstaltet viele Wechselausstellungen, z. B. über die Ureinwohner Amerikas, und besitzt umfangreiche ethnologische Bestände aus nicht europäischen Ländern. *Di–So 10–17 Uhr, 6,50 Euro, Steenstraat 1, www.rmv.nl*

Stedelijk Museum De Lakenhal
Interessante Sammlung niederländischer Meister und viel Historisches über die Stadt Leiden. *Di–Fr 10–17, Sa/So 12–17 Uhr, 4 Euro, Oude Singel 32, www.lakenhal.nl*

ESSEN & TRINKEN

Koetshuis de Burcht
Im ehemaligen Kutscherhaus der Leidener Burg werden die herrlichen Gerichte im Sommer auch auf einer großen Terrasse serviert. *Tgl., Burgsteeg 13, Tel. 071/512 16 88, €€*

Oudt Leiden
Echte holländische *pannenkoeken* auf echtem Delfter Porzellan gibts in der Pfannkuchenabteilung dieses Hauses, im Restaurant eine reichhaltige Karte. *Tgl., Steenstraat 49, Tel. 071/513 31 44, €*

Panacee
Schmackhafte Wild- und andere Spezialitäten, serviert in einer historischen Drogerie mit Aussicht auf die Grachten. *Mo/Di geschl., Rapenburg 97, Tel. 071/566 14 94, €€€*

ÜBERNACHTEN

Holiday Inn
Etwas abseits des Zentrums gelegenes Hotel. *200 Zi., Haagse Schouwweg 10, Tel. 071/535 55 55, Fax 535 55 53, www.holiday-inn.com/leidennld, €€€*

Hotel Nieuw Minerva
Das freundliche Hotel liegt unweit vom Zentrum. Der Clou: Es besteht aus einer ganzen Reihe alter Grachtenhäuser. *39 Zi., Boommarkt 23, Tel. 071/512 63 58, Fax 514 26 74, www.nieuwminerva.nl, €€*

Insider Tipp

AM ABEND

Al Hambra
Beliebtes Grand Café, in dem nicht nur Studenten verkehren. *Mo–Do 14–1, Fr 14–2, Sa 14–3, So 16–1 Uhr, Breestraat 49*

Danssalon in Casa
Diskothek mit abwechslungsreichem Programm: Am Donnerstag Siebziger- und Achtzigerjahrehits, am Freitag und Samstag meist exklusive Tanzpartys, am Sonntag »Salsamatinée«. *Do 22–3.30, Fr 23 bis 3, Sa 24–4, So 20–24 Uhr, Lammermarkt 100*

Stadscafé van de Werff
Eine holländisch-gemütliche Studentenkneipe im Zentrum der Stadt. *So–Do 9–1, Fr/Sa 9–2 Uhr, Steenstraat 2*

AUSKUNFT

Stationsweg 2d, Tel. 0900/222 23 33, Fax 071/516 12 27, www.leiden.nl

ZIELE IN DER UMGEBUNG

Katwijk   [118 A4]
Beliebter Badeort am Rand der Blumenfelder, etwa 10 km von Leiden entfernt. Familien machen gern einen Spaziergang oder eine Radtour durch das weite Dünengebiet. Während die Dünen im Süden frei zugänglich sind, müssen Sie im Norden Eintritt bezahlen. Im Norden schließt sich das familienfreundliche Seebad Noordwijk mit einem 13 km langen Sandstrand und einem weitläufigen Dünen- und Waldgebiet an.

Insider Tipp

Keukenhof   [118 B3]
Diesen Blumenpark finden Sie inmitten der Tulpenfelder in einer 32 ha großen Parkanlage bei Lisse. Er ist nur im Frühjahr offen, wenn die 7 Mio. Tulpen und andere Blumen blühen. Dieser Augenschmaus gehört zu den am häufigsten fotografierten Sehenswürdigkeiten der Welt. *Ende März–Mitte Mai tgl. 8 bis 19.30 Uhr, 12 Euro, Bus 54 ab Leiden, www.keukenhof.nl*

ROTTERDAM

 Karte auf Seite 130/131

[118 B5–6] Die Stadt (600 000 Ew.) mit dem größten Hafen der Welt hat sich seit Ende des Zweiten Weltkriegs in eine moderne Metropole verwandelt, die weder mit neuer Architektur noch mit internationalem Flair geizt. Den Ort gibt es schon, seit sich im 10. Jh. ein paar Siedler am Fluss Rotte niederließen. Durch die günstige Lage an der Nordsee entwickelte sich die Stadt rasch zu einem wichtigen Warenumschlagplatz. Als jedoch die Frachtschiffe größer wurden und der Hafen immer mehr versandete, verlor die Stadt an Bedeutung. Das änderte sich erst, als im 19. Jh. mit dem Nieuwe Waterweg zwischen der Stadt und Hoek van Holland ein verbesserter Meeresanschluss gebaut wurde. Nun konnten die Handelsschiffe wieder den Rotterdamer Hafen anlaufen. Und mit den ersten Raffinerien kamen im 20. Jh. auch immer mehr Öltanker.

In den letzten Jahren wurde der Hafen systematisch vergrößert und mit einem ultramodernen Containerterminal versehen. Auf dem ganz neu angelegten Europoortterrain – der so genannten Maasvlakte – haben sich viele Unternehmen niedergelassen; außerdem setzt eine Windkraftanlage die hier stets wehende kräftige Brise in Energie um.

Der Zweite Weltkrieg hatte für Rotterdam verheerende Folgen: Bei der Bombardierung der Stadt durch die deutsche Luftwaffe 1940 starben tausend Menschen; das Zentrum wurde nahezu völlig in Schutt und Asche gelegt. Im Gegensatz zu vielen anderen zerstörten Orten entschied man sich in Rotterdam nach dem Krieg für einen Wiederaufbau der Innenstadt in einem neuen und zuweilen recht gewagten Stil – heute hat Rotterdam die modernste Stadtarchitektur der Niederlande.

Mitten durch Rotterdam fließt die Nieuwe Maas, die gleichsam die Lebensader der Hafenstadt ist. An den Flussufern stehen denkmalgeschützte Häuser. Der Nord- und der Südteil der Stadt sind über zahlreiche Brücken und Tunnels miteinander verbunden, darunter die Ende der Neunzigerjahre eröffnete Erasmusbrücke. Sie bindet den Stadtteil Kop van Zuid an die Innenstadt an und ist gleichzeitig markanter Blickfang der Skyline. Dank ihrem 139 m hohen, geknickten Pfeiler heißt die Brücke im Volksmund »Schwan«.

Die großen Schiffe, die den Rotterdamer Hafen anlaufen, bringen und brachten immer wieder Immigranten, sodass die zweitgrößte Stadt der Niederlande ein Schmelztiegel zahlreicher Nationalitäten ist.

SEHENSWERTES

Euromast [130 A5–6]

◀▶ Der schlanke Turm, den der Architekt Huig Aart Maaskant 1960 gebaut hat, überragt mit seinen 185 m auch die neuen Gebäude. Bei klarem Wetter kann man von oben einen Großteil der niederländischen Küste sehen. Der Lift fährt übrigens an der Außenfassade nach oben und ist eher für schwindelfreie Menschen gedacht. *April bis Sept. tgl. 10–19 (Juli/Aug. Di–Sa 10–22.30), Okt.–März 10–17 Uhr, 7,75 Euro, Parkhaven 20, www. euromast.nl*

Hafenrundfahrten

★ Eine Tour mit dem Schiff bietet die beste Übersicht über Stadt und Hafen. Touren mit den Spidobooten beginnen am *Leuvehoofd 5* **[131 D3]** *(Tel. 010/275 99 88, 8 Euro)*.

Kubushäuser [131 E2]

★ Am Alten Hafen, mitten im Vergnügungsviertel, steht die spektakulärste architektonische Schöpfung von Piet Blom: die gekippten, würfelförmigen Pfahlhäuser des *Blaakse Bos*. Einen dieser Wohnwürfel, den

Rotterdams Hafen machte die Stadt zum Schmelztiegel der Nationalitäten

Kijk Kubus, kann man besichtigen. *Tgl. 11–17 Uhr; 1,75 Euro, Overblaak 70, www.kubuswoning.nl*

Witte Huis [131 E2]

Das 45 m hohe »weiße Haus« steht am Oude Haven. Es stammt von 1898 und gilt daher als ältester Wolkenkratzer Europas.

MUSEEN

Boijmans van Beuningen [130 B–C3]

★ Eines der wichtigsten niederländischen Museen für moderne und alte Kunst. Gezeigt werden u. a. zahlreiche Werke großer Meister wie Rembrandt, Tizian, Monet, Gauguin, Picasso, Matisse, Kandinsky und Dalí. *Di–Sa 10–17, So 11–17 Uhr; 7 Euro, Museumpark 18–20, www.boijmans.rotterdam.nl*

Kunsthal [130 B4]

Dieses ungewöhnliche, vom renommierten Architekten Rem Koolhaas gebaute »schiefe« Haus ist für seine Ausstellungen bekannt, die thematisch stark variieren. Die Palette reicht von bildender Kunst über Architektur und Design bis zu nicht westlichen Kulturen. Erkundigen Sie sich beim VVV-Büro. *Di–Sa 10–17, So 11–17 Uhr; 7,50 Euro, Weestzeedijk 341, www.kunsthal.nl*

Maritiem Museum Rotterdam [131 D2–3]

Dieses Museum ist dem Hafen und der Schifffahrt in Gegenwart und Vergangenheit gewidmet. Das Museumsschiff »De Buffel« aus dem 19. Jh. kann ebenfalls besichtigt werden. *Di–Sa 10–17, So 11 bis 17 Uhr; Juli/Aug. auch Mo, 3,50 Euro, Leuvehaven 1, www.maritiem museum.nl*

Nederlands Architectuurinstitut [130 B3]

Im Architekturmuseum finden Sie Wissenswertes über Architektur, Städtebau, Landschafts- und Innenarchitektur. Wechselnde Ausstellungen zu aktuellen städtebaulichen Themen. *Di–Sa 10–17, So 11–17 Uhr, 3,50 Euro (Aufpreis für Ausstellungen), Museumpark 25, www.nai.nl*

ESSEN & TRINKEN

Asian Glories [131 D2]
Zu den Spezialitäten des chinesischen Restaurants gehören Krebs mit Ingwer und Frühlingszwiebeln. *Mi geschl., Leeuwenstraat 15, Tel. 010/411 71 07, €€*

Ben Kei [130 C1]
Japanische Küche – der Koch jongliert vor Ihren Augen mit Töpfen und Pfannen. *Mittags und So geschl., Kruiskade 26–28, Tel. 010/414 33 38, €€€*

Bierhandel de Pijp [130 B3]
Eetcafé mit einfachen Gerichten in unverfälschter Hafenromantik. In dem Lokal hängen lauter Krawatten an den Wänden. *So geschl., Gaffelstraat 90, Tel. 010/436 68 96, €*

Cambrinus [131 E2]
Dieses Lokal liegt in der Nähe der Kubuswohnungen am Oude Haven. Von der ✺ Sonnenterrasse aus haben Sie einen herrlichen Ausblick auf die historischen Schiffe. Serviert wird eine ausgezeichnete flämisch-französische Küche mit einer großen Auswahl an Fisch. *Tgl., Blaak 4, Tel. 010/414 67 02, €€*

Dudok [131 D1]
Grandcafé mit großem Lesetisch und einer reichen Zeitungsauswahl. Für die Kleinen gibts einen Tisch mit Donald-Duck-Heften. *Mo–Do 8 bis 23, Fr/Sa 8–24, So 9–23 Uhr, Meent 88, www.dudok.nl*

Parkzicht [130 B5] Insider Tipp
✺ Großzügiges Café mit einer runden Bar und einer Lounge. Mittwochnachmittags können Kinder ihre eigene Pizza backen. *Mi/Do 12–1, Fr/Sa 12–5 (mit DJs), So 10 bis 1 Uhr, Kievitslaan 25*

Rotterdam [131 D6]
✺ Die alte Halle, in der die Passagiere der Holland-Amerika-Linie früher auf die Abfahrt der Überseedampfer warteten, ist heute ein vor allem bei Yuppies beliebtes Grandcafé. *Mo–Do 11–24, Fr/Sa 11–1, So 10–24 Uhr, Wilhelminakade 699, www.caferotterdam.nl*

De Tijdgeest [131 E2]
Köstliches, leicht französisch angehauchtes Essen. Versuchen Sie, einen Platz auf der Terrasse zu ergattern, dann haben Sie einen wunderschönen Blick auf den alten Hafen. *Tgl., Oost-Wijnstraat 14, Tel. 010/233 13 11, €€* Insider Tipp

EINKAUFEN

Die L-förmige *Lijnbaan* **[130 C1–2]** mit Kaufhäusern und vielen kleinen Läden war 1953 eine der ersten autofreien Einkaufsstraßen Europas. Ein weiteres Einkaufsparadies ist die *Beurspassage*. Im *Kop van Zuid* **[131 D–E 5–6]**, dem renovierten Altstadtviertel beim Yachthafen, finden Sie viele Designer- und Inneneinrichtungsgeschäfte sowie den größten und exotischsten Supermarkt der Stadt.

ÜBERNACHTEN

Hotel Baan [130 A4]
Freundliches Hotel mit kleinem Caférestaurant etwas außerhalb. U-

Bahn-Station in 250 m Entfernung. *14 Zi., Rochussenstraat 345, Tel. 010/477 05 55, Fax 476 94 50, www.hotelbaan.nl, €*

Grand Hotel Central [130 C1]
Modernes Hotel hinter monumentaler Fassade im brodelnden Herzen der Stadt. *64 Zi., Kruiskade 12, Tel. 010/414 07 44, Fax 412 53 25, €€*

Hotel New York [131 D6]
🔻 Im Gebäude der ehemaligen Hafenverwaltung ist heute ein Hotel untergebracht, das vor allem bei jungen Geschäftsleuten sehr beliebt ist. Tolle Aussicht. *72 Zi., Koninginnehoofd 1, Tel. 010/439 05 00, Fax 484 27 01, www.hotelnewyork. nl, €€ – €€€*

AM ABEND

Rund um den *Veerhaven* [130 C5] gibt es zahlreiche Kneipen, wo man abends gemütlich ein Bier trinken kann. Im *Oude Haven* [131 E2] werden die Lokale vor allem von Studenten bevölkert. Diskobesucher finden beim *Stadhuisplein* [130 C1], was sie suchen, und auf der *West-Kruiskade* [130 C1], die im Volksmund *Chinatown* genannt wird, pulsiert das multikulturelle Leben. Beliebt sind abends aber auch der *Kop van Zuid* [131 D–E 5–6] mit dem *Wilhelminapier* und dem *Entrepotgebäude,* wo Sie viele typische Hafenkneipen finden, auf deren Terrassen bis tief in die Nacht etwas los ist.

Insider Tipp

Baja [130 B2]
In diesem Beachclub legen die DJs nicht nur tropische Platten auf. *Do bis So 22.30–5 Uhr, Karel Doormanstraat 10*

Ministry of Dance [O]
Diskothek mit unterschiedlichen Partys und DJs. *Fr/Sa 23–6 Uhr, Prins Alexanderlaan 37*

AUSKUNFT

Coolsingel 67 [130 C1]*, Tel. 0900/ 403 40 65, Fax 010/413 01 24, www.rotterdam.nl*

ZIELE IN DER UMGEBUNG

Delft [118 A5]
Wenn Sie nach den Erlebnissen in der brausenden Metropole Rotterdam etwas Ruhe suchen, finden Sie die in Delft, dem historischen Städtchen auf halber Strecke zwischen Rotterdam und Den Haag. Die mittelalterlichen Häuser um den Marktplatz, die mit Linden gesäumten, langen, schmalen Grachten und die vielen alten Brücken zeugen vom Reichtum verflossener Zeiten, den Sie am besten auf einer Grachtenrundfahrt auf sich einwirken lassen. Berühmt ist das Städtchen mit 95 000 Ew. für seine blau bemalte Keramik. Hier hat aber auch Jan Vermeer das Licht der Welt erblickt, der berühmte Maler und Begründer der Delfter Schule. Seine letzte Ruhe hat er in der *Oude Kerk* gefunden. In der *Nieuwe Kerk (April–Okt. Mo–Sa 9–18, Nov. bis März Mo–Fr 11–16, Sa 10–17 Uhr, 2,50 Euro)* können Sie das Marmorprunkgrab von Wilhelm von Oranien bewundern. Er wurde 1584 in Delft erschossen. Echte Delfter Keramikmaler gibts auch heute noch. Im Museum *de Porseleyne Fles (Mo–Sa, März–Nov. tgl. 9–17 Uhr, Führungen 10, 11, 14 und 15 Uhr, auch in Deutsch, 3,50 Euro, Rotterdamseweg 196, www.royaldelft.*

com) können Sie ihnen bei der Arbeit über die Schultern gucken.

Gouda [118 C5]

Die Stadt an der Gouwe (70 000 Ew.) 20 km nordöstlich von Rotterdam ist vor allem des Käses wegen bekannt. Im frühen Mittelalter gab es hier auch zahlreiche Brauereien. Ein bedeutendes Handelszentrum für Käse und Fisch wurde Gouda erst im 17. und 18. Jh. Noch heute wird der Käse im Sommer jeden Donnerstagmorgen auf dem Marktplatz bei der Käsewaage getragen *(Juni–Aug. Do 10–12.30 Uhr).*

Schiedam [118 A5]

Die Stadt der Mühlen und Geneverbrennereien (75 000 Ew.) liegt rund 10 km westlich von Rotterdam an der Mündung der Schie in die Nieuwe Maas. Der Überlieferung zufolge gab es hier einst Hunderte von Brennereien. Die Geschichte vom Geneverbrennen wird im *Het Gedestilleerd Museum (Di–Sa 12–17, So 12.30 bis 17 Uhr, 4,40 Euro, Lange Haven 74–76, www.hetgedestilleerdmuseum.nl)* erzählt; in dem Spirituosenmuseum gibt es auch eine Probierstube.

UTRECHT

[119 D4–5] Die Hauptstadt der gleichnamigen Provinz ist mit ihren 260 000 Ew. die viertgrößte Stadt des Landes. Sie ist berühmt für ihre Universität, aber auch die Grachten üben eine große Anziehung aus. Außerdem war Utrecht schon immer das niederländische Zentrum des katholischen Glaubens, wie die zahlreichen sakralen Bauten belegen. In den letzten Jahren hat sich die Domstadt immer mehr einen Namen als Kongress- und Tagungszentrum gemacht. Utrecht ist aber auch als Geburtsort des Möbeldesigners und Architekten Gerrit Rietveld ein Begriff.

SEHENSWERTES

Den Utrechter Stadtkern sollten Sie am besten zu Fuß besichtigen, da Autos fast nirgendwo erlaubt sind. Wenn Sie sich die Stadt lieber vom Wasser aus ansehen möchten, können Sie in ein Rundfahrtboot steigen, das an der *Oude Gracht 67* auf Passagiere wartet *(tgl. 11–18 Uhr, 6,50 Euro).*

Domturm

Der Domturm ist mit seinen 112 m der höchste der Niederlande. Im Mittelalter gehörte auch eine Kirche dazu, doch ein Sturm zerstörte 1674 das Mittelschiff, sodass der Turm heute vom Chor getrennt ist. Der Turm kann nur im Rahmen einer Führung bestiegen werden. Die Aussicht macht die 465 Treppenstufen wieder wett. *Mai–Sept. Mo–Mi 10–16, Do–Sa 10–17, So 12–17, Okt.–April Sa 10 bis 17, So 12–17 Uhr, 6,80 Euro*

Oude Gracht

Die Oude Gracht ist einer der beliebtesten Flecken in der Altstadt – kein Wunder, spielt sich doch im Sommer das öffentliche Leben vor allem hier ab. Im Gegensatz zu den Amsterdamer Grachten sitzt man hier praktisch unmittelbar am Wasser, auf einer Terrasse unter dem Straßenniveau. Die Kanäle wurden im Mittelalter angelegt; sie vereinfachten den Zugang zu den Kellern unter den stattlichen Herrenhäusern.

Pieterskerk

Die Kirche war der östliche Teil der kreuzförmigen Anlage, die sie im Mittelalter mit dem Dom und drei weiteren Kirchen bildete. In der Krypta steht der Sarkophag mit den Gebeinen des niederländischen Papstes Hadrian VI. (1459–1523). Werfen Sie auch einen Blick auf den *Pieterskerkhof:* Die renovierten Häuser an diesem Platz sind ein gutes Beispiel dafür, wie harmonisch sich in dieser Stadt moderne Architektur und historische Baustile ergänzen. *Die Kirche ist nur im Sommer im Rahmen einer Führung zu besichtigen, Auskunft im VVV-Büro*

Stadskasteel Oudaen

Im Keller der mittelalterlichen Burg ist eine authentische Dampfbierbrauerei zu besichtigen. Bis heute wird dort Oudaen-Bier gebraut. Nach einer Führung können Sie den Gerstensaft in der hauseigenen Probierstube testen. *Mo–Sa 45-minütige Führungen auf Anfrage, Tel. 030/ 231 18 64, 7 Euro, Oudegracht 99*

Catharijneconvent

Das ehemalige Katharinenkloster wird bis 2006 umgebaut. Religiöse Kunst und Dokumente, die die Geschichte des Christentums in den Niederlanden erzählen, sind währenddessen nur teilweise zugänglich, dafür aber gratis. *Di–Fr 10–17, Sa/So 11–17 Uhr, Nieuwegracht 63, www.catharijneconvent.nl*

Centraal Museum

In dem ehemaligen Kloster ist heute die weltgrößte Kollektion von Werken Gerrit Rietvelds untergebracht. Daneben hängen Bilder der Utrechter Meister aus dem Goldenen Zeitalter. *Di–So 11–17 Uhr, 8 Euro, Agnietenstraat 1, www. centraalmuseum.nl*

Museum voor het Kruideniersbedrijf

Im Kolonialwarenmuseum können Sie sich ein Bild davon machen, wie ein holländischer Kolonialwarenladen um 1900 aussah. *Di–Sa 12.30 bis 16.30 Uhr, kein Eintritt, Hoogt 6*

Nationaal Museum van Speelklok tot Pierement

Im Spieluhrenmuseum gibt es eine feine Sammlung automatischer Musikinstrumente vom 15. Jh. bis heute. Lassen Sie sich überraschen von den Klängen der Flötenuhren, Pianolas, Spieldosen und der »singenden Nachtigall«. *Di–Sa 10–17, So 12–17 Uhr, 6 Euro, Buurkerkhof 10, www.museumspeelklok.nl*

An der Oude Gracht finden Sie zahlreiche Restaurants und Cafés,

Auch in Utrecht verlagert sich das Leben bei Sonne nach draußen

wo man für ein Menü nicht allzu tief in die Tasche zu greifen braucht. Die meisten Lokale haben ihre Tische im Sommer am Wasser aufgestellt.

De Bastaard
Gemütlicher Treffpunkt für Theaterleute, Dichter und Journalisten. Im Sommer lädt die Terrasse hinter dem Haus zum Verweilen ein. *Do bis Sa 16–3, So–Mi 16–2 Uhr, Jansfeld 17*

Café Ledig Erf
Bier und Spiele werden groß geschrieben in dem traditionsreichen Haus am Ende der Oude Gracht. Im Sortiment sind mehr als 40 Biersorten und zahlreiche Schachbretter. *Tgl. 11–2 Uhr, Tolsteegbrug 3*

Insider Tipp

Saigon
Originelle vietnamesische Küche mit reichhaltigen Suppen in leicht kitschigem Ambiente. *Mittags geschl., Voorstraat 68, Tel. 030/ 230 49 83,* €

De Springhaver
Uraltes Theatercafé für die ganze Familie. *So–Mi 11–1, Do–Sa 11–2 Uhr, Springweg 46*

Stairway to Heaven
🏃 Musikcafé im Herzen des Zentrums. *Mo–Mi 11–1, Do/Fr 11–2, Sa 11–4, So 13–1 Uhr, Mariaplaats 11–12*

Wilhelminapark
Französische Küche in ruhiger, geschmackvoll eingerichteter Umgebung. Bei schönem Wetter lockt die großzügige Terrasse. *Sa/So geschl., Wilhelminapark 65, Tel. 030/ 251 06 93,* €€€

Winkel van Sinkel
🏃 Im ersten Warenhaus der Niederlande werden heute französisch-holländische Gerichte serviert. Am Wochenende wird getanzt. *Tgl., Oude Gracht 158, Tel. 030/230 30 30,* €€

EINKAUFEN

Wer mit dem Zug ankommt, gelangt direkt vom Bahnhof ins riesige Einkaufszentrum *Hoog Catharijne* mit Hunderten von Geschäften, mit Cafés, Bars und vier Kinos.

ÜBERNACHTEN

Grand Hotel Karel V
In dem gründlich renovierten Haus hat Kaiser Karl V. im 15. Jh. seine Gäste untergebracht. *91 Zi., Geertebolwerk 1, Tel. 030/233 75 55, Fax 233 75 00, www.karelv.nl,* €€€

Hotel Ouwi
Einfaches Haus östlich vom Zentrum. *37 Zi., F. C. Donderstraat 12, Tel. 030/271 63 03, Fax 271 46 19,* €

AM ABEND

Club Havanna
Auf Salsa und aktuelle Hits spezialisierte Disko. *Do 23–2, Fr/Sa 23 bis 4 Uhr*

Hofmans Café
Beliebter Studententreff zum Abhängen und Tanzen. Dienstag ist Tangonacht, Do–Sa legen DJs auf. *Mo–Mi 11–2, Do–Sa 11–3, So 13 bis 2 Uhr, Janskerkhof 17 a*

Insider Tipp

AUSKUNFT

Vredenburg 90, Tel. 0900/ 414 14 14, Fax 030/233 14 17

Wasser, Wind und Moorlandschaften

**Inseln und Fischerromantik, Hünengräber
und reichlich Landschaft:
Der Norden bietet für jeden Geschmack etwas**

Wer von der Randstad nach Norden fährt, gelangt in den »Kop van Noordholland«, die Landzunge zwischen der Nordsee im Westen und dem IJsselmeer im Osten. Es ist eine abwechslungsreiche Gegend, in der die Sonne öfter scheint als im Rest des Landes.

Über den Abschlussdeich gelangt man nach Friesland, der landschaftlich reizvollsten Provinz des Landes. Auf den vielen Seen und kilometerlangen Kanälen kann man herrlich segeln. Die weißen, dreieckigen Segel, die sich durch die grünen Felder zwischen den schwarzweiß gefleckten Kühen bewegen, bieten einen kuriosen Anblick. In Friesland sind die Ortsschilder zweisprachig: Neben Niederländisch wird hier von 400 000 Friesen die offizielle Minderheitensprache Friesisch *(Frysk)* gesprochen.

Im Osten grenzt Friesland an die Provinz Groningen. Es ist eine ländliche Gegend mit vielen reetgedeckten Bauernhäusern. Bei Slochteren östlich von Groningen hat man Ende der Fünfzigerjahre große

Sand, Sonne, Seeluft: die weitläufigen Strände Nordhollands und der Watteninseln garantieren Badespaß

Ruheoase und Vogelparadies: Vlieland

Erdgasvorkommen entdeckt. Mit dem Erlös aus dem Gasexport konnten die Niederlande ihren (ehemals großzügigen) Sozialstaat aufbauen.

Drenthe, die Provinz südlich von Groningen, ist ein beliebtes Wander- und Fahrradparadies. In dieser ehemaligen Moorlandschaft findet man viele prähistorische Grabanlagen, die *hunebedden* (Hünengräber).

ALKMAAR

[114 A–B6] Die touristische Hauptattraktion der hübschen Grachtenstadt mit ihren 95 000 Ew. spielt sich im Sommer jeden Freitag auf dem Marktplatz ab, wenn die weiß gekleideten Käseträger mit ihren Strohhüten für die Touristen die

Die Käseträger von Alkmaar können Sie im Sommer jeden Freitag bewundern

gelben Goudalaibe auf der historischen Waage wiegen lassen. Alkmaar hat außerdem eine Fülle an gut erhaltenen Gebäuden und viele baumgesäumte Kanäle mit weißen Zugbrücken zu bieten.

SEHENSWERTES

Käsemarkt

⭐ Das farbenfrohe Spektakel zieht zwar vor allem Touristen an, doch werden die Käselaibe nach wie vor von Warenprüfern getestet, danach gewogen und schließlich an die Großhändler verkauft. *April bis Anfang Sept. Fr 10–12.30 Uhr, Waagplein*

MUSEEN

Biermuseum

Bis 1750 wurde in diesem historischen Gebäude Bier der Marke »De Boom« gebraut. Heute dient das Haus als Biermuseum mit integrierter Probierstube, in der Sie mehr als 80 verschiedene Sorten testen können. *April–Okt. Di–Fr 10–16, Sa/So 13–16 Uhr, Nov.–März Di–So 13 bis 16 Uhr, 2,27 Euro, Houttil 1*

Hollands Kaasmuseum

Anhand von alten Gerätschaften und Fotos wird die Käse- und Butterherstellung in vergangenen Jahrhunderten demonstriert. Man kann sich aber auch ein Bild über die heutige Milchverarbeitungsindustrie machen. *April–Okt. Mo–Do und Sa 10–16, Fr 9–16 Uhr, 2,50 Euro, Waagplein 2*

Nederlands Kachelmuseum

Im Ofenmuseum gibt es rund 100 Wärmespender aus dem 19. und 20. Jh. zu sehen. *So (April–Sept. auch Fr) 12–16 Uhr, 1,13 Euro Bierkade 10*

Stedelijk Museum Alkmaar

In diesem Neubau wird die Geschichte von Alkmaar und Umgebung erzählt. Wasser und Handel sind zwei Hauptaspekte, dazu eine große Sammlung von Gemälden holländischer Meister aus dem 16./17. Jh. *Di–Fr 10–17, Sa/So 13 bis 17 Uhr, 3,40 Euro, Canadaplein 1, www.stedelijkmuseum.nl*

ESSEN & TRINKEN

Sumangali

Lassen Sie sich von den indischen und ceylonesischen Köstlichkeiten in diesem asiatischen Restaurant im Zentrum überraschen. Das Dreigängemenü kostet rund 20 Euro. *Mittags geschl., Gedempte Nieuwesloot 119, Tel. 072/511 75 46, €€*

AUSKUNFT

Waagplein 2–3, Tel. 072/511 42 84, Fax 511 75 13, www.vvvalkmaar.nl

ZIELE IN DER UMGEBUNG

Bergen aan Zee [114 A6]

Dieser hübsche, kleine Badeort gut 15 km westlich von Alkmaar entstand Anfang des 20. Jhs. Wer genug vom tollen Sandstrand hat, kann sich in den 50 Becken des *Zeeaquarium (April–Okt. tgl. 10–18, Nov.–März 11–17 Uhr, 7 Euro, Van den Wijdeplein 16, www.zeeaquarium.nl)* Fische aus allen Weltmeeren ansehen.

Enkhuizen [115 D6]

Reizvoller Hafen rund 40 km östlich am IJsselmeer mit zahlreichen alten Speichern und historischen Kaufmannshäusern. Genau wie früher sieht man im Hafen noch heute viele Boote. Für zahlreiche Charterunternehmen, die mit Passagieren auf alten Schiffen rund ums IJsselmeer oder bis zu den Westfriesischen Inseln segeln, ist Enkhuizen (17 000 Ew.) Start- und Zielhafen. Wer mitsegeln möchte, wende sich für alte, traditionelle Schiffe an *De Zeilvaart (Stationsplein 3, Tel. 0228/31 24 24, www.zeilvaart.com)*, wo man wochen- oder wochenendweise eine oder mehrere Kojen mieten kann. Solche Boote werden immer von einem erfahrenen Skipper gesteuert; und meistens gehört eine ganze Crew inklusive *smoetje* (Koch) dazu. Die Törns führen entweder kreuz und quer übers IJsselmeer oder zu den Watteninseln. Moderne Yachten kann man bei *Enkhuizen Yachtcharter (Oosterhavenstraat 13, Tel. 0228/32 32 00, www.enkhuizen*

MARCO POLO Highlights
»Friesland und der Norden«

★ **Groninger Museum**
   Bunte, spektakuläre Architektur und im Innern bildende Kunst und interessante Wechselausstellungen auf der Bahnhofsinsel (Seite 57)

★ **Käsemarkt**
   Am Freitag dreht sich in Alkmaar schon seit Jahrhunderten alles um den Käse (Seite 54)

★ **Zuiderzeemuseum**
   Wenn Sie am Hafen von Enkhuizen noch nicht genug Fischerromantik geschnuppert haben, können Sie das in diesem sehenswerten Museum nachholen (Seite 56)

★ **Ameland**
   Paradies für Radfahrer und Vogelfreunde (Seite 60)

Alte Arbeitstechniken zeigt das Zuiderzeemuseum in Enkhuizen

yachtcharter.nl) mieten, allerdings muss man dafür im Besitz eines entsprechenden Segelscheins sein.

Absolut empfehlenswert ist das ★ Zuiderzeemuseum *(tgl. 10–17 Uhr, Außenmuseum Nov.–April geschl., 9,50 Euro, nur Innenmuseum 5 Euro, Wierdijk 12–22, www.zui derzeemuseum.nl),* in dem die 700-jährige Geschichte der Zuiderzee beeindruckend dargestellt wird. Wie in den meisten Häfen rund ums IJsselmeer kann man auch in Enkhuizen ausgezeichneten Fisch essen, zum Beispiel im Restaurant *De Drie Haringe (Sa-Mittag, So-Mittag und Di geschl., Dijk 28, Tel. 0228/31 86 10, €€€).*

GRONINGEN

[117 D3] Wenn Sie Groningen, die Hauptstadt der gleichnamigen Pro-

vinz, besuchen wollen, stellen Sie Ihren Wagen am besten in einem der zahlreichen Parkhäuser ab, denn die Innenstadt ist fast gänzlich autofrei. Die »Perle des Nordens« mit ihren 175 000 Ew. ist gemütlich und besitzt – vor allem rund um den Grote Markt – zahlreiche Kneipen. Auf den Straßen und Plätzen werden Sie viele junge Leute antreffen, denn die Groninger Universität und die drei Fachhochschulen sind bei Studenten sehr beliebt.

Mit zwei Zuckerfabriken spielt Groningen in der Naschbranche eine nicht unwichtige Rolle. Daneben gibt es zahlreiche Dienstleistungsbetriebe. Die niederländische Post hat hier ihren Sitz.

SEHENSWERTES

Gasunie

Insider Tipp

Architektonisch interessant ist das Hauptgebäude der Gasunion im Süden der Stadt. Der 1994 gebaute Bürokomplex an der *Concourslaan 17* ist zwar von innen nicht zugänglich, von außen aber unbedingt einen Blick wert.

Grachtenfahrt

Empfehlenswert ist eine Besichtigung Groningens vom Wasser aus. Auf einer 60-minütigen Bootsfahrt durch die Grachten sehen und hören Sie das Wichtigste über die historischen Häuser und die Geschichte der Stadt. *Mo–Sa 14 Uhr, 6,50 Euro, Stationsweg*

Martinikerk

Gegenüber vom Rathaus steht die gotische Kreuzbasilika aus dem 13. Jh., in der man bei einer Restaurierung wunderschöne Wandmalereien aus dem 16. Jh. entdeckt hat. *Juni–Aug. Di–So 12–17 Uhr, 1 Euro, Martinikerkhof 3*

Martinitoren

Ein echter Groninger wohnt so, dass er in ständigem Blickkontakt mit dem Martiniturm ist, heißt es. Den 97 m hohen Turm können Sie besteigen. *April–Okt. tgl. 11 bis 17, Nov.–März 12–16 Uhr, 2,50 Euro, Grote Markt*

Station Groningen

Der Jugendstilbahnhof von 1896 wurde Ende der Neunzigerjahre renoviert und in den ursprünglichen Zustand gebracht. In der 14 m hohen Eingangshalle sehen Sie eindrucksvolle, monumentale Fliesenbilder und Holzschnitzereien. *Stationsplein 4*

insider Tipp

Groninger Museum

★ Diesen abenteuerlich aussehenden, von dem italienischen Architekten Alessandro Mendini auf der Museumsinsel vor dem Bahnhof gebauten bunten Kunsttempel darf man getrost als das spektakulärste Gebäude in den Niederlanden bezeichnen. Die Kollektion umfasst bildende Kunst vom 16. bis 20. Jh. und Wissenswertes zur regionalen Geschichte. Daneben gibt es zahlreiche Wechselausstellungen. *Di–So 10–17 Uhr, 7 Euro, Museumeiland 1, www.groninger-museum.nl*

Noordelijk Scheepvaart- en Niemeyer Tabaksmuseum

Im Schifffahrts- und Tabaksmuseum finden Sie eine Übersicht über die Tabakgeschichte sowie Modelle und Utensilien der niederländischen Schifffahrt in vergangenen Zeiten. *Di–Sa 10–17, So 13–17 Uhr, 2,75 Euro, Brugstraat 24*

Rund um den Marktplatz finden Sie unzählige Kneipen, in denen man auch essen kann. Im Sommer sitzt man draußen.

Apetanz

Exquisites Restaurant am Rand der Innenstadt mit viel Liebe fürs Detail. Auf der Karte stehen viele Fischgerichte. Es lohnt sich auch, die *Groningse Mosterdsoep* (Senfsuppe) zu kosten. Der Besuch der Toilette ist ein spezielles Erlebnis. Reservieren! *Mo-Mittag geschl., Verlengde Oosterstraat 1, Tel. 050/ 312 41 64, €€ – €€€*

't Feithhuis

Ob Katerfrühstück oder Fondue: In diesem Pfarrhaus aus dem 15. Jh. mit schönem Blick auf die Martinikerk werden die unterschiedlichsten Bedürfnisse gestillt. *Tgl., Martinikerkhof 10, Tel. 050/313 53 35, www.feithhuis.nl, €€*

Cityhotel

Bequem, modern und mitten im alten Zentrum. *93 Zi., Gedempte Kattendiep 25, Tel. 050/588 65 65, Fax 311 51 00, www.edenhotelgroup.com, €€*

The Palace

In dieser Diskothek legen die DJs auch mal Siebzigerjahresound auf. *Do–Sa 23–5 Uhr, Gelkingestraat 1*

De Troubadour
Beliebte Bar mit Tanzfläche. *Do/Fr 23–5, Sa 23–6.30 Uhr, Peperstraat 19*

Gedempte Kattendiep 6, Tel. 0900/202 30 50, Fax 050/313 63 58, www.vvvgroningen.nl

Assen [116 C4]
Etwa 30 km südlich, wo die Kanäle Drentse Hoofdvaart und Noord-Willemskanaal zusammenfließen, liegt die Hauptstadt der Provinz Drenthe. Assen (60 000 Ew.) ist bekannt für die zahlreichen Parks und anderen Grünanlagen; die Stadt heißt im Volksmund denn auch *stad in het groen* (Stadt im Grünen). Der Ort hat nicht nur ein Museum mit Moorleichen zu bieten; von hier aus kann man auch tolle Radtouren unternehmen. Einmal im Jahr kommen Zehntausende Motorradfahrer aus ganz Europa zum *Dutch TT,* dem berühmten Rennen rund um die Stadt. Dann werden sämtliche Vorgärten in provisorische Campingplätze verwandelt, und abends strömt das Bier auf der Straße.

Schöne alte Drehorgeln zeigt das *Draaiorgelmuseum (kein Eintritt, Rode Heklaan 3).* Es ist jeden zweiten und vierten Sonntag im Monat geöffnet. Gleichzeitig gibts an diesen Tagen ein viereinhalbstündiges Drehorgelkonzert, das um 13 Uhr beginnt. Das *Drents Museum (Di–So 11–17 Uhr, 5 Euro, Brink 1, www.drentsmuseum.nl)* präsentiert eine interessante Sammlung archäologischer Funde, darunter auch Moorleichen. Prunkstück

Insider Tipp

ist das älteste Boot der Welt, das »Baumstammkanu von Pesse«, von ca. 6500 v. Chr. Auskunft: *Marktstraat 8–10, Tel. 0592/31 43 24, Fax 31 73 06*

Emmen [117 E6]
Einst war das gut 50 km südlich gelegene Emmen (105 000 Ew.) das Zentrum der Torfstecherei, heute ist es eine dynamische Industriestadt mit modernen Neubauvierteln. Im und rund um den Ort gibt es elf prähistorische *hunebedden* (Hünengräber). Auskunft: *Hoofdstraat 22, Tel. 0900/202 23 93, www.vvvemmen.nl*

15 km nördlich bei *Borger* informiert das *Nationaal Hunebed Informatie Centrum (Mo–Fr 10–17, Sa/So 13–17 Uhr, 2,80 Euro, Bronnegerstraat 12)* über die rund 5000 Jahre alten Hünengräber in der Provinz Drenthe. Die großen »Hinkelsteine«, die für die Grabmale verwendet wurden, kamen mit der Eiszeit aus Skandinavien.

Insider Tipp

Kamp Westerbork [117 D5]
50 km südlich, zwischen Hooghalen und Westerbork, finden Sie Kamp Westerbork. Hier wird des Schicksals von mehr als 100 000 Menschen gedacht: zum einen jener jüdischen Niederländer, die während der deutschen Besetzung in den Vierzigerjahren des 20. Jhs. über dieses Durchgangslager weiter in die Vernichtungslager verschleppt wurden, zum anderen der Flüchtlinge aus Deutschland, die in den Dreißigerjahren in diesem Lager untergebracht wurden. *Feb. bis Dez. Mo–Fr 10–17, Sa/So 13 (Juli/Aug. 11) bis 17 Uhr, 3,85 Euro, Oosthalen 8, www.kampwesterbork.nl*

LEEUWARDEN

[115 F2–3] Die Hauptstadt der Provinz Friesland (Fryslân), die auf Friesisch Ljouwert heißt, ist auf drei Hügeln, so genannten Terpen oder Warften, entstanden. In der von Grachten durchzogenen historischen Innenstadt findet man eine Vielzahl von denkmalgeschützten Häusern. Leeuwarden (88 000 Ew.) ist das friesische Kulturzentrum – noch bekannter ist die Stadt aber als Start- und Zielort der spektakulären Elfstedentocht, des 200 km langen Schlittschuhrennens durch elf friesische Städtchen. Wie Sie eine ähnliche Tour entlang den Kanälen mit dem Fahrrad oder auf Inlineskates machen können, ist im Kapitel »Ausflüge & Touren« beschrieben.

SEHENSWERTES

Veemarkt
Jeden Dienstag-, Mittwoch- und Freitagvormittag zwischen 6 und 12 Uhr wechseln auf dem Viehmarkt die prächtigsten Kühe ihren Besitzer. Den schwarzweiß gescheckten friesischen Kühen hat man eigens ein Denkmal aufgestellt: *Us Mem,* die Mutterkuh, steht in voller Größe an der Kreuzung Harlingersingel/Harlingerstraatweg.

MUSEUM

Fries Museum
In diesem bedeutendsten Heimatmuseum der Niederlande gibt es neben Porzellan und archäologischen Funden eine Abteilung, die Mata Hari gewidmet ist. Die berühmte Spionin aus dem Ersten Weltkrieg hatte ihre Jugend in Leeuwarden verbracht. *Di–So 11 bis 17 Uhr, 5 Euro, Mi frei, Turfmarkt 11, www.friesmuseum.nl*

ESSEN & TRINKEN

Het Hasersma Huys
Urholländisches Essen mit unholländischen Ausnahmen wie gebratene Entenleber auf Reisnudeln. *So-Mittag, Mo-Mittag und Di-Mittag geschl., Tweebaksmarkt 49, Tel. 058/216 01 20, €€*

ÜBERNACHTEN

Außerhalb der friesischen Städte gibt es zahlreiche *Bêd & Brochje*-Quartiere, die friesische Variante vom englischen *Bed and Breakfast*. Bei den VVV-Büros bekommen Sie eine Liste mit den Adressen.

Hotel 't Anker
Freundliches Hotel mitten im Zentrum. *24 Zi., Eewal 73, Tel. 058/ 212 52 16, Fax 212 82 93, www. hotelhetanker.nl, €*

AUSKUNFT

Stationsplein 1, Tel. 0900/ 202 40 60, Fax 058/215 35 93, www.vvvleeuwarden.nl

WESTFRIESISCHE INSELN

Die fünf Watteninseln im Norden des Landes sind unter Niederländern ein beliebtes Ferienziel. Dabei spielt es keine Rolle, in welcher Saison Urlaub gemacht wird, denn Texel, Vlieland, Terschelling, Ame-

Zwei Terrassen und Dünen bis zum Horizont: Ferienhaus auf Ameland

land und Schiermonnikoog sind immer eine Reise wert. Im Frühling und im Herbst kann man herrliche Wanderungen in der frischen Brise machen und dabei den Einheimischen beim *Jutten,* dem Sammeln von Strandgut, zusehen. Im Sommer können Sie Ihre Ruhe in den unberührten Naturgebieten finden oder sich ins Getümmel an den kilometerlangen Sandstränden stürzen. Bei günstiger Tide wird schon die Überfahrt zum Erlebnis: Dann kann man die Seehunde auf den Sandbänken faulenzen sehen. Es gibt auf den Inseln zahlreiche Bungalowparks, Ferienhäuschen, Hotels, Jugendherbergen und Campinganlagen. Einen Platz für Ihr Zelt werden Sie immer finden, andere Unterkünfte müssen Sie – besonders in der Hochsaison – frühzeitig buchen. In der Hochsaison sind die Inseln über einen Fährdienst auch untereinander verbunden (Fahrplan bei den VVV-Büros). Ausführliche Informationen finden Sie im MARCO POLO »Niederländische Küste«.

Ameland   [115 E–F1]

★ Die zweitöstlichste der holländischen Watteninseln erreicht man von Holwerd aus (etwa alle zwei Stunden eine Fähre). Die 3600 Ew. leben in vier Dörfern. Die Insel lässt sich am besten mit dem Fahrrad erkunden. Ein lohnendes Ausflugsziel ist die Ostplatte *(Het Oerd),* wo Sie die Seevögel bei ihrer Nahrungssuche beobachten können. Auskunft: *Rixt van Doniaweg 2 (Nes), Tel. 0519/54 65 46, Fax 54 65 47, www.ameland.nl*

Schiermonnikoog   [116 B–C1]

🏃 Auf die kleinste und östlichste Insel gelangt man vom Fährhafen Lauwersoog vier- bis fünfmal täglich in 45 Minuten. Im Sommer kann man sie bei Ebbe in einem **zünftigen Fußmarsch** aber auch von Pieterbuuren in der Provinz Groningen erreichen. Diese Tour ist allerdings sehr beschwerlich, weil man bei jedem Schritt tief einsinkt und daher für die 20 km mindestens fünf Stunden braucht. Auf der Insel

Insi Tip!

sind keine Autos zugelassen, was »Schier«, wie die Insulaner ihre Heimat kurz nennen, zu einem besonders attraktiven Fahrradparadies macht. Auskunft: *Reeweg 5, Tel. 0519/53 12 33, Fax 53 13 25, www.vvvschiermonnikoog.nl*

Terschelling [115 D–E1]

Das Wahrzeichen der Insel, der 54 m hohe, rote Leuchtturm *Brandaris* begrüßt die Feriengäste schon von weitem. Früher waren es die Schiffe der Ostindienfahrer, die Terschelling ansteuerten, heute sind es die Skipper der traditionellen, nun als Ferienschiffe dienenden »braunen Flotte«.

Auf der 30 km langen und 5 km breiten Insel, die man von Harlingen aus zwei- bis dreimal täglich in zwei Stunden erreicht, gibt es mehrere winzige Ortschaften. Im Herbst kann man die fast 5000 Insulaner beim Sammeln von *cranberries* beobachten. Diese amerikanischen Strauchpreiselbeeren haben eine ganz besondere Geschichte: Nach einem Sturm im 19. Jh. fand ein Strandgutsammler ein Fass, das eine rote, ihm unbekannte Sauce enthielt. Er ließ es so liegen, dass die Flüssigkeit aus dem beschädigten Fass im Boden versickerte. Seither wachsen auf Terschelling wilde *cranberries* – eine große Seltenheit in Europa. Auskunft: *Willem Barentszkade 19 a (West-Terschelling), Tel. 0562/ 44 30 00, Fax 44 28 75, www.vvv-terschelling.org*

Insider Tipp

Texel [114 B3]

Die westlichste der fünf Watteninseln gehört als einzige zur Provinz Noord-Holland. Man erreicht sie stündlich in 20 Fährminuten von Den Helder. Texel, das heute mehr Schafe (16 000) als Menschen (13 000) zählt, war ein strategisch wichtiger Punkt auf der Route der Ostindienfahrer: Das Eiland war beliebt wegen seines Quellwassers, das in den Tropen weniger schnell ungenießbar wurde als herkömmliches Wasser.

Die kulinarische Spezialität der Insel ist Lammfleisch: Die Tiere weiden das ganze Jahr über draußen und fressen das vom salzhaltigen Seewind zerzauste Gras. Über die Nahrung gelangt das Meersalz ins Fleisch der Lämmer und sorgt für den würzigen Salzgeschmack. Empfohlen seien auch die acht (!) verschiedenen Sorten Kräuterliköre *(kruidenbitter)*, die auf der Insel gebrannt werden. Auskunft: *Emmalaan 66 (Den Burg), Tel. 0222/ 31 47 41, Fax 31 00 54, www.texel.net*

Vlieland [114 B–C2]

Die autofreie Insel, die sich auf einer Länge von 20 km und einer Breite von 2,5 km erstreckt, ist eine Oase der Ruhe. Sie erreichen sie zwei- bis dreimal täglich in 105 Minuten von Harlingen. Hinter dem Hafen befindet sich das einzige Dorf auf der Insel. Der Rest besteht aus Dünen, weiträumigen Vogelschutzgebieten und der Sandplatte *Vliehors*, die zum Ärger vieler militärisches Übungsgelände geworden ist. Da auch Vlieland vom Tourismus lebt, wurde mit der Armee vereinbart, dass in der Hochsaison keine Schießübungen stattfinden. In dieser Zeit ist es an Wochenenden möglich, der Sandplatte einen Besuch abzustatten. Auskunft: *Havenweg 10, Tel. 0562/45 11 11, Fax 45 13 61, www.vlieland.net*

Wassersport und Hansestädte

**Im IJssel-Gebiet zwischen malerischen Orten
und dem größten Nationalpark lassen
sich Kunst und Erholung optimal verbinden**

Sobald man der Randstad den Rücken zuwendet, wird die Gegend ländlicher. Mit Ausnahme städtischer Ansiedlungen wie Nijmegen, Arnhem oder Enschede beherrschen im östlichen Teil der Niederlande Bauernhäuser, Felder und Wälder das Bild. Die Mehrheit der Touristen besucht dieses Gebiet denn auch, um sich in der Natur zu erholen, etwa im größten Nationalpark des Landes, De Hoge Veluwe.

Einst erstreckte sich die Provinz Overijssel von der deutschen Grenze bis zum IJsselmeer. Doch dann begann man 1942 mit der Trockenlegung des südlichen Teils dieses Binnensees, sodass 1975 ein neues, 48 000 ha großes Gebiet entstand, die Provinz Flevoland, zu der auch die beiden ehemaligen Inseln Urk und Schokland gehören. Overijssel und Flevoland sind ausgesprochene Wassersportparadiese. Auf einem Großteil der Flüsse und Seen kann man segeln, rudern oder Kanu fahren.

Entlang der IJssel, dem Fluss, der der Provinz den Namen gibt, finden Sie eine große Zahl ehemaliger

*Gässchen und Grachten,
Mondrian und moderne
Architektur: Amersfoort*

Kunst im Naturpark: Kröller-Müller

Hansestädte wie Zutphen, Deventer, Zwolle und Kampen mit größtenteils intakten Stadtkernen.

AMERSFOORT

[119 E4] Die Stadt an der Eem wächst so schnell wie kaum eine andere in den Niederlanden. Auf Grund dieses rasanten Bevölkerungszuwachses (2003 waren es 132 000 Menschen) wird eine Neubausiedlung nach der anderen gebaut. Städtebaulich besonders interessant ist das Kattenbroek-Viertel, in dem der bekannte indisch-niederländische Architekt Ashok Bhalotra seinen farbigen Ideen freien Lauf ließ.

Tabak und Bier sorgten schon im Mittelalter für Reichtum in der Hansestadt an der Eem. Das Zentrum mit dem Grachtenring und den zahlreichen Gässchen ist gut erhalten. Insgesamt zählt Amersfoort mehr als 350 denkmalgeschützte Bauten. Außerdem ist Amersfoort als Geburtsstadt (1872) des Malers Piet Mondrian (eigentlich: Pieter Cornelis Mondriaan) bekannt.

SEHENSWERTES

Mondriaanhuis
Das restaurierte Geburtshaus von Piet Mondrian zeigt neben einer Sammlung seiner Werke auch eine Nachbildung seines Pariser Ateliers. *Di–Fr 10–17, Sa/So 13–17 Uhr, 3 Euro, Kortegracht 11, www.mondriaanhuis.nl*

Onze Lieve Vrouwetoren
◁▷ Vom 100 m hohen Kirchturm, der bei den Einheimischen *Lange Jan* heißt, haben Sie eine prächtige Aussicht auf das Eemland, das Gebiet um Amersfoort. *Juli/Aug. Di–Fr 10–17, Sa/So 12–17 Uhr, 1,40 Euro, Onze Lieve Vrouwekerhof*

St. Joriskerk
In der mittelalterlichen Kirche liegt das Grabdenkmal von Jacob van Campen, dem Baumeister des Königlichen Palasts auf dem Dam in Amsterdam. *Juni–Mitte Aug. Mo–Sa 13–16.30 Uhr, 0,50 Euro, Hof 1*

ESSEN & TRINKEN

Dorloté
Auf der reichhaltigen Speisekarte stehen Fischgerichte aus der ganzen Welt, von holländischen Garnelen in einer Vinaigrette bis zu Lachs

mit Korianderpesto. *Sa-Mittag, So und Mo geschl., Bloemendaalsestraat 24, Tel. 033/472 04 44, www.dorlote.nl, €€*

ÜBERNACHTEN

Campanile Amersfoort
Angenehmes Mittelklassehotel in ruhiger Umgebung. *75 Zi., De Brand 50, Tel. 033/455 87 57, Fax 456 26 20, €€*

AUSKUNFT

Stationsplein 9–11, Tel. 0900/112 23 64, Fax 033/465 01 08, www.vvvamersfoort.nl

ARNHEM

[120 B5] Im September 1944 landeten britische Fallschirmjäger in der Provinzhauptstadt von Gelderland (140 000 Ew.), um die strategisch wichtige Rheinbrücke zu erobern. Bei diesen und späteren Kämpfen wurde der mittelalterliche Stadtkern fast völlig zerstört. Die Soldaten, die bei der Schlacht um Arnhem umgekommen sind, werden auf dem Brückenkopf mit einem Denkmal geehrt.

SEHENSWERTES

Eusebiuskerk
◁▷ Auch diese dreischiffige Kirche, einer der Blickfänge der Stadt, wurde während der Schlacht um Arnhem schwer in Mitleidenschaft gezogen. Nach ihrer Restaurierung hat man einen gläsernen Panoramalift eingebaut. Dieser führt Sie am größten Glockenspiel Europas vorbei in eine Höhe von 93 m, von wo

Sie eine herrliche Aussicht über die Stadt haben. *Di–Sa 10–17, So 12 bis 17 Uhr, 2,50 Euro, Kerkplein 1*

MUSEUM

Nederlands Openlucht Museum
Zu Fuß oder in einer alten Straßenbahn geht es in diesem Freilichtmuseum auf eine Reise entlang alter Bauernhöfe, Herrenhäuser und Werkstätten. Dabei kann man sich einen Einblick in das Alltagsleben vergangener Zeiten verschaffen. *Ende März–Ende Okt. tgl. 10–17 Uhr, 11,20 Euro, Schelmseweg 89*

ESSEN & TRINKEN

Groot Warnsborn
Auf der Karte stehen viele (französische) Fischmenüs. Freundliche Bedienung. *Tgl., Bakenbergseweg 277, Tel. 026/445 57 51, €€ – €€€*

ÜBERNACHTEN

Bed & Breakfast Viltgaard
Nahe beim Haupteingang zum Nationalpark De Hoge Veluwe liegt dieses geschmackvoll eingerichtete Haus mit großem Kamin im Foyer. *2 Zi., Koningsweg 23, Tel. 026/442 57 18, Fax 351 61 29, www.viltgaard.nl, €*

AUSKUNFT

Stationsplein 45, Tel. 0900/202 40 75, Fax 026/442 26 44, www.vvvarnhem.nl

ZIELE IN DER UMGEBUNG

Airborne Museum Oosterbeek [120 A5]
Wenige Kilometer westlich bei Oosterbeek erinnern Fotos, Filmfragmente, Uniformen und Waffen an die Schlacht von Arnhem im September 1944. *Mo–Fr 10 (Winter 11) bis 17, Sa/So 12–17 Uhr, 4,50 Euro, Utrechtseweg 232, www.airbornemuseum.com*

Apeldoorn [120 B4]
Das uralte Heidedorf am östlichen Rand der Veluwe war lange ziemlich bedeutungslos. Das änderte sich erst, als Wilhelm III. von Ora-

---

MARCO POLO Highlights
»Der Osten«

★ **Kröller-Müller-Museum**
Picasso, Mondrian, van Gogh und Co. im Freilichtmuseum im Nationalpark (Seite 66)

★ **Nieuw Land Poldermuseum**
Das Museum in Lelystad zeigt die Geschichte der Zuiderzee und den Kampf der Holländer gegen das Wasser (Seite 68)

★ **Giethoorn**
Beschaulich mit dem Stechkahn durch das Venedig des Nordens »punteren« (Seite 69)

★ **Urk**
Hafenatmosphäre und gute Fischrestaurants am IJsselmeer im schönsten Fischerdorf des Landes (Seite 70)

nien in seinem Jagdrevier nördlich von Apeldoorn 1692 ein stattliches Schloss bauen ließ, das noch immer als größte Attraktion des Ortes gilt. Heute ist Apeldoorn eine beschauliche Villenstadt mit 150 000 Ew. und vielen Gärten und Parks. Das Lustschloss *Paleis het Loo (Di bis So 10–17 Uhr, 9 Euro, Koninklijk Park 1, Eingang Amersfoortseweg, www.paleishetloo.nl)* liegt mitten in einem weitläufigen, von hohen Bäumen umgebenen Park. Bis 1975 diente es der königlichen Familie als Sommerresidenz. Wilhelmina, die Großmutter von Königin Beatrix, lebte hier bis zu ihrem Tod 1962. Seit Mitte der Achtzigerjahre ist das Palais ein Museum. Sie finden hier 300 Jahre Oraniergeschichte: Gemälde, Silber, königliche Gewänder und in den Stallungen königliche Kutschen, Schlitten und Hofwagen.

Nationalpark De Hoge Veluwe [120 A–B 4–5]

Mit einer Fläche von 5500 ha ist dieser Nationalpark das größte Naturschutzgebiet der Niederlande. De Veluwe, wie die Niederländer diese Heide- und Waldlandschaft kurz nennen, kann man auf einem 42 km langen Radwegnetz erkunden. Es gibt zahlreiche Wander- und Reitwege, von denen aus Sie zweifellos viele Tiere sehen werden: Füchse, Wiesel, Hirsche oder Wildschweine. *Tgl. 8 Uhr–Sonnenuntergang, 5 Euro, Hoenderloo, www.hogeveluwe.nl*

Inside Tipp

Im Park liegt das ★ *Kröller-Müller-Museum (Di–So 10–17 Uhr, 10 Euro, Otterlo, www.kmm.nl):* Im ehemaligen Jagdschloss des Rotterdamer Kaufmanns Anthony Kröller finden Sie eine großartige Kollektion bildender Kunst aus dem 19. und 20. Jh. von van Gogh bis Braque und von Picasso bis Mondrian. Das Museum ist von einem weitläufigen Skulpturenpark umgeben, mit Plastiken u. a. von Henry Moore und Paul Rodin.

Zutphen [120 C4]

Die kleine Festungsstadt (35 000 Ew.) 30 km nordöstlich an der IJssel ist sonntags ein beliebtes Ausflugsziel für Radler. Ein beachtlicher Teil der alten Stadtmauern und -tore ist bis heute erhalten geblieben. Das wohl schönste Beispiel dafür ist der *Berkelpoort,* ein Wassertor von 1312. Im Zentrum der einstigen Hansestadt stehen zahlreiche denkmalgeschützte Patrizierhäuser und andere historische Gebäude. Der vielen Kirchtürme wegen wurde

Het Loo: königliche Sommerresidenz

Zu Fuß oder per Rad geht es durch die Heidelandschaft: Hoge Veluwe

der Ort früher die »turmreiche Stadt« genannt. Die größte Kirche, die *St. Walburgskerk,* ist reich an Wand- und Gewölbemalereien aus dem 15. Jh. Eindrucksvoll sind auch das kupferne Taufbecken und die Grabstätten der Grafen von Zutphen. Im Kapitelsaal finden Sie eine mittelalterliche Bibliothek *(librije)* mit 400 alten, zum Teil von Hand geschriebenen Büchern. Das Gotteshaus wurde 1999 gründlich renoviert. Im historischen Haus »De Wildeman« befindet sich zwischen dem aus dem 19. Jh. stammenden vorderen Teil und dem mittelalterlichen hinteren Teil eine Geheimkapelle von 1628. Außerdem zeigt hier das *Museum Henriette Polak (Di–Fr 11–17, Sa/So 13.30–17 Uhr, 2,27 Euro, Zaadmarkt 88)* eine Sammlung moderner niederländischer Kunst. Die reiche Geschichte

des Städtchens und der Grafschaft Zutphen wird im *Stedelijk Museum (Di–Fr 11–17, Sa/So 13.30–17 Uhr, 2,27 Euro, Rozengracht 3)* anhand von Bildern, archäologischen Funden und einer Silberkollektion gezeigt. Auskunft: *Stationsplein 39, Tel. 0900/269 28 88, Fax 0575/ 51 79 28, www.vvvzutphen.nl*

LELYSTAD

[119 F2] Die Hauptstadt der Provinz Flevoland trägt ihren Namen zu Ehren von Cornelis Lely, dem »Erfinder« des Abschlussdeichs und der Trockenlegung der Zuiderzee. Sie ist mit Enkhuizen in Noord-Holland über einen knapp 30 km langen Damm verbunden. Die in den Sechzigerjahren auf dem Reißbrett entstandene Stadt (65 000 Ew.) ist wegen ihrer Nähe zum IJsselmeer ein vor allem bei Seglern und Surfern beliebtes Standquartier.

SEHENSWERTES

Batavia Werf
In der Werft der Batavia sehen Sie die Rekonstruktion eines alten Segelschiffes. Der Dreimastschoner Batavia lief 1995 nach zehnjähriger Bauphase vom Stapel. In der gleichen Werft wird nun »De Seven Provinciën« gebaut, ==ein Replikat des Flaggschiffes von Admiral de Ruyter von 1665,== *Insider Tipp* die im Jahr 2005 ins Meer stechen soll. *Tgl. 10–17 Uhr, 8 Euro, Oostvaardersdijk, www.bataviawerf.nl*

Natuurpark Lelystad
In diesem großen Park leben Störche, Rentiere, Hirsche, Biber und zahlreiche andere Tiere. Sie können

zu Fuß oder mit dem Fahrrad auf Erkundungstour gehen. *Frei zugänglich, Meerkoetenweg 1a*

MUSEEN

Nederlands Instituut voor Scheeps- en Onderwaterarcheologie

In diesem 1999 in der Batavia-Werft eingerichteten Museum für Schiffs- und Unterwasserarchäologie finden Sie Wracks und andere nautische Sehenswürdigkeiten, die beim Einpoldern der Zuiderzee entdeckt worden sind. *Tgl. 10–17 Uhr, 8 Euro, Oostvaardersdijk*

Nieuw Land Poldermuseum

★ Das in einem futuristischen Gebäude gleich neben der Batavia-Werft eingerichtete Poldermuseum zeigt den Kampf der Holländer gegen das Wasser. Anhand von eindrucksvollen alten Filmen und Ausstellungen wird die Geschichte der Zuiderzee erzählt und erklärt, wie aus dem Wasser Polderland entstanden ist. *Mo–Fr 10–17, Sa/So 11.30–17 Uhr, 4,30 Euro, Oostvaardersdijk 1–13, www.nieuwlandpoldermuseum.nl*

ESSEN & TRINKEN

Het Dijkhuis

In diesem Haus auf dem Deich kommen französisch angehauchte Fisch- und Fleischgerichte auf den Tisch. *Tgl., Oostvaardersdijk 57, Tel. 0320/26 20 22, €€*

Dubbel Op

Wer die Wahl hat, hat die Qual: In diesem Pfannkuchenrestaurant in der Nähe des Zentrums können Sie aus mehr als 25 Sorten *pannenkoe-* ken auswählen. *Mo/Di mittags geschl., Tel. 0320/28 08 00, €*

ÜBERNACHTEN

Doors Logies

Bed-&-Breakfast-Gelegenheit in einfachem Haus. *2 Zi., Bronsweg 18, Tel. 0320/23 38 01, €*

De Lange Jammer

Freundliches Hotel aus den Fünfzigerjahren rund 3 km von der Batavia-Werft. Die 40 Apartments bestehen aus je einem Wohn- und einem Schlafzimmer (keine Kochmöglichkeit). *Oostvaardersdijk 31, Tel. 0320/26 04 15, Fax 26 20 19, € – €€*

Mercure

Zu diesem großen, modernen Hotel und Kongresshaus zwei Gehminuten vom Bahnhof gehören auch ein französisches sowie ein mexikanisches Restaurant. Im gleichen Gebäudekomplex befindet sich außerdem ein Spielkasino. *86 Zi., Agoraweg 11, Tel. 0320/24 24 44, Fax 22 75 69, www.mercure.nl, €€€*

AUSKUNFT

Stationsplein 186, Tel. 0320/24 34 44, Fax 28 02 18, www.vvvflevoland.nl

ZIELE IN DER UMGEBUNG

Blokzijl [115 F6]

Der ehemalige Zuiderzeehafen gut 35 km nordöstlich hat viel von seinen alten Reichtümern bewahrt. Besonders schön sind die sorgfältig renovierten Kaufmannshäuser rund um den Hafen. Blokzijl war in früheren Jahren ein berüchtigtes Piratennest. Heute liegen im Sommer im Hafen zahlreiche moderne Yachten vertäut. Bei der Schleuse finden Sie das gerühmte Restaurant *Kaatje bij de Sluis (Sa-Mittag, Mo und Di geschl., Tel. 0527/29 18 33, €€€).*

De Weerribben [116 A5–6]

Wasser und Schilf prägen diesen 35 km² großen Nationalpark im Nordwesten der Provinz Overijssel in der Nähe von Steenwijk. De Weerribben ist ein Sumpfgebiet, das durch Torfabbau entstanden ist. Zu Fuß auf den Wanderwegen, mit dem Kanu, dem Ruderboot oder dem Fahrrad unterwegs, kann man oft Purpurreiher erspähen. Wer die Ruhe genießen möchte, miete in Ossenzijl ein »Flüsterboot«, ein Motorboot mit Elektromotor *(tgl., Nov. bis Feb. So–Fr 10–17 Uhr, Hoogeweg 27).*

Insider Tipp

Giethoorn [116 B6]

★ Autos und Fahrräder suchen Sie hier vergebens, denn das einzige Transportmittel zwischen den von Seen und Kanälen umgebenen Orten des Moorgebiets, das im Volksmund »Venedig des Nordens« genannt wird, ist das Boot oder der Stechkahn. Das ehemalige Moordorf (12 000 Ew.) 45 km nordöstlich zieht im Sommer viele Touristen an. Überall kann man Boote mieten und die spezielle Technik des *punteren* lernen: Mit einem langen Stab »sticht« man das Schiff Meter um Meter vorwärts.

Kampen [120 B1]

In der alten Hansestadt 35 km östlich von Lelystad ist ein Großteil der Wehranlagen aus dem Mittelalter erhalten geblieben. Vor allem die drei Stadttore, die wasserdicht geschlossen werden konnten, sind sehenswert. Der einstige Reichtum ist heute noch an den zahlreichen denkmalgeschützten Herrenhäusern sichtbar. Im *Tabakmuseum (April–Dez. Do–Sa 11–12.30 und 13.30–17 Uhr, 1,25 Euro, Boter-*

Boote und Stechkähne sind das einzige Transportmittel in Giethoorn

markt 3) finden Sie eine 5 m lange Zigarre – es ist die längste der Welt! Auskunft: *Oudestraat 151, Tel. 038/331 35 00, Fax 332 89 00, www.vvvkampen.nl*

Urk [120 A1]

★ 25 km nordöstlich liegt das wohl schönste Fischerdörfchen in den Niederlanden. Am malerischen Hafen können Sie die Kutter der Fangflotte auslaufen sehen. Eindrucksvoll ist der Gedenkstein im Dorfzentrum, der an die Fischer erinnert, die im Sturm ertrunken sind. Die ehemalige Insel lockt außerdem mit mehreren guten Fischrestaurants, z. B. *De Zeebodem (So geschl., Wijk 1–67, Tel. 0527/ 68 32 92, €€)*.

Zwolle [120 C2]

Schon von weitem fällt der markante ◼◼ Turm der *Onze Lieve Vrouwekerk* auf. Das 80 m hohe Bauwerk heißt im Volksmund *peperbustoren* (Pfefferbüchsenturm). Von dort haben Sie eine schöne Aussicht über das historische Herz der 45 km östlich von Lelystad gelegenen Stadt, den sternförmig angelegten Stadtgraben und die zum Teil in die Stadtmauern eingebauten alten Häuser. Dabei sticht der fünftürmige *Sassenpoort* (Sachsentor) von 1408 ins Auge. Der Ort (110 000 Ew.), der sich später der Hanse anschloss, entstand bereits im 8. Jh., als sich friesische Kaufleute zwischen den beiden Nebenarmen des Flusses Zwarte Water niederließen. Später baute man den Hafen mit zahlreichen Handelshäusern und Speichern. Heute lebt die Stadt von Handel, Industrie und Viehzucht. Freitags findet in Zwolle der zweitgrößte Viehmarkt der Niederlande

statt. In einem Kloster aus dem 16. Jh. befindet sich das französische Restaurant *De Librije (Sa-Mittag, Di-Mittag, So und Mo geschl., Boerenkerkplein 13, Tel. 038/421 20 83, €€€)*. Es wurde bereits mehrmals von niederländischen Gastrokritikern zum besten des Landes gekürt. Unbedingt reservieren!

NIJMEGEN

[125 E2–3] Die gemütliche Stadt (150 000 Ew.) an der Waal ist berühmt für ihre Thermalquellen. Eine wichtige Rolle spielt auch die Universität – das junge Volk bringt viel Leben in die Stadt. Der Ort schaut auf eine bewegte Vergangenheit zurück: Mehr als 20 Jahrhunderte haben kulturelle und historische Spuren hinterlassen. Karl der Große ließ auf dem Valkhof eine Pfalz errichten, und Friedrich Barbarossa besaß hier eine Burg. Im Zweiten Weltkrieg zerstörten deutsche Bomben Teile der Innenstadt.

SEHENSWERTES

Stadhuis

Das Rathaus aus dem 17. Jh. wurde nach dem Krieg im alten niederländischen Renaissancestil aufgebaut. *Besichtigung nur mit VVV-Führungen möglich (2 Euro), Grote Markt, Tel. 024/322 54 46*

MUSEEN

Bijbels Openlucht Museum

In einem Vorort im Südosten ist das Bibelfreilichtmuseum beheimatet. Im Mittelpunkt steht das Christentum, beleuchtet werden aber auch andere Religionen. *Mitte März–An-*

Lustfeindliche Lakritze

**Gibt es bald keine *dropjes* mehr
für Männer im geschlechtsreifen Alter?**

Lakritze gehört zur niederländischen Gesellschaft wie Rum zur Karibik. Es gibt kaum ein Handschuhfach im Auto, kaum eine Handtasche ohne die obligatorische Tüte *dropjes*. Nun haben Wissenschaftler entdeckt, dass diese Naschsucht eine schädliche Auswirkung aufs männliche Sexualleben hat. Der tägliche Konsum von mehr als 7 g Lakritzbonbons lässt den Testosteronspiegel in den Keller sinken. Böse Zungen behaupten, dass die *dropjes* schuld an den zahlreichen künstlichen Befruchtungen seien.

fang Nov. tgl. 9–17.30 Uhr, 8 Euro, Profetenlaan 2, Heilig Landstichting, www.bijbelsopenluchtmuseum.nl

Insider Tipp **Nationaal Fietsmuseum Velorama**

Natürlich ist dem Drahtesel im Land des Fahrrads ein Museum gewidmet. Sie sehen 250 historische Zwei- und Dreiräder sowie ein paar Oldtimer. *Mo–Sa 10–17, So 11 bis 17 Uhr, 4,60 Euro, Waalkade 107, www.velorama.nl*

ESSEN & TRINKEN

An der 🏃 *Waalkade* am Flussufer gibt es zahlreiche Straßencafés, in denen man auch essen kann.

Het Heimwee
Kreative französische Küche, freundliche Bedienung. *Mittags geschl., Oude Haven 7680, Tel. 024/322 22 56, €€–€€€*

't Hoogstraatje
Pfannkuchenrestaurant in denkmalgeschütztem Haus von 1892. *Tgl., Hoogstraat 3, Tel. 024/360 46 59, €*

ÜBERNACHTEN

Atlanta
Hübsches Mittelklassehotel im Zentrum. Grandcafé mit großer Terrasse. *18 Zi., Grote Markt 38–40, Tel. 024/360 30 00, Fax 360 32 10, www.atlanta-hotel.nl, €€*

BÄDER

Scandic Sanadome Nijmegen
Im Kur- und »Verwöhnzentrum« können Sie in den Thermalquellen oder im Kräuterbad entspannen. *Tgl. 9–22.30 Uhr, Weg door Jonkerbos 90, www.sanadome.nl*

AM ABEND

De Mythe
Diskothek, bekannt für spezielle Partys. Erkundigen Sie sich beim VVV-Büro. *Do/Fr 23–4, Sa 23–5 Uhr, Platenmakersstraat 3*

AUSKUNFT

Keizer Karelplein 2, Tel. 0900/ 112 23 44, Fax 024/329 78 79, www.vvvnijmegen.nl

Wo sanfte Hügel sich erheben

Schlemmen ist eine Lieblingsbeschäftigung in Limburg und Noord-Brabant

Vergessen Sie alles, was Sie in topografischer Hinsicht bisher über die Niederlande gelesen haben, denn in Limburg ist alles anders. Während die Landschaft anderswo topfeben ist, kann Ihr Blick hier in der südlichsten Provinz der Niederlande über sanft abfallende Hügel schweifen. In Südlimburg heißt ein Gebiet sogar »Klein Zwitserland«. Auch die Mentalität der Menschen ist ganz anders als im Norden. Die vorwiegend katholischen Limburger sind lebenslustige, fröhliche Genießer – ein Umstand, den sie vielleicht den Römern zu verdanken haben, die einst ihre Handelsniederlassungen an der Maas errichteten. Die Provinz ist das Zentrum der Feinschmecker. Nirgendwo im ganzen Land wird besser und sorgfältiger gekocht. Limburgische Spargel sind ebenso ein nationaler Begriff wie *vlaai,* ein Obstkuchen mit Puddingfüllung. Bekannt ist die Region aber nicht zuletzt auch für ihr gutes Bier.

Das Volk im Süden hat eine bewegte Geschichte hinter sich, war

Dass das lebenslustige Maastricht leiblichen Genüssen zugeneigt ist, merkt man schon am Straßenbild

mal französisch, mal belgisch, mal deutsch und gehört erst seit gut hundert Jahren zu den Niederlanden. Fragen Sie also niemals einen Limburger, ob er ein Holländer sei – das ist eine Beleidigung für ihn.

An Limburg grenzt im Westen die Provinz Noord-Brabant mit den beiden Städten Eindhoven und 's-Hertogenbosch. Mit den Limburgern haben die Brabanter vor allem eines gemein: Sie essen beide gerne.

's-HERTOGENBOSCH

[124 C3] 's-Hertogenbosch bedeutet wörtlich »in den Wäldern des Herzogs«, doch wird der lange Name meist auf Den Bosch verkürzt. Die am Zusammenfluss von Domel und Aa gelegene Hauptstadt der Provinz Noord-Brabant ist das historische und kulturelle Zentrum dieses Landstrichs. Im späten Mittelalter entwickelte sich Den Bosch zum Zentrum des Woll- und Tuchhandels. 1794 wurde die Stadt von den Franzosen erobert, später nahmen die Preußen sie ein. Während die städtischen Festungsanlagen die Zeiten nicht überdauerten, haben die 130 000 »Herzogenbuscher«

Markttag in Den Bosch: Die Stadt gilt als die »gezelligste« der Niederlande

nichts von ihrem lebensfrohen Naturell eingebüßt – wie vor allem zur Karnevalszeit zu merken ist. 's-Hertogenbosch hat nicht umsonst den Ruf, die *gezelligste* Stadt der Niederlande zu sein.

SEHENSWERTES

Bootsrundfahrt

★ Eine Rundfahrt auf der durch die Stadt fließenden *Binnendieze* ist etwas ganz Besonderes, weil die Schiffe teilweise unter den Gebäuden durchfahren. *April–Okt. Di–So 11–17, Mo 14–17 Uhr immer zur halben und zur vollen Stunde, 5 Euro, Molenstraat 15a*

St. Janskathedraal

Die großartige spätgotische Kreuzbasilika steht im Zentrum des Altstadtdreiecks. Es gibt kaum eine andere niederländische Kirche mit so üppigen Ornamenten. Mi von 11.30 bis 12 Uhr ist im Turm das Glockenspiel mit seinen 50 Glocken zu hören. *Tgl. 8–17 Uhr, kein Eintritt, Choorstraat*

MUSEUM

Noordbrabants Museum

Im ehemaligen Gouverneurspalast aus dem 18. Jh. finden Sie eine Kollektion, die Kultur, Geschichte und bildende Kunst aus den südlichen Niederlanden umfasst. *Di–Fr 10 bis 17, Sa/So 12–17 Uhr, 5,70 Euro, Verwersstraat 41, www.noordbra bantsmuseum.nl*

ESSEN & TRINKEN

Wer ein nettes Café sucht, geht am besten in die *Putstraat* oder in die *Parade* gleich neben der Kathedrale. Dort finden Sie ein Lokal neben dem anderen.

De Eeterij

Deftige Landküche mit Fleisch und Gemüse aus der Umgebung. *Tgl., Brede Haven 13, Tel. 073/ 614 58 84, €*

De Opera

Internationale Küche zwischen antikem Kinderspielzeug: Das Pächterehepaar leidet an Sammelwut – und serviert ausgezeichnete Fisch- und Spargelgerichte. *Mittags, So und Mo geschl., Hinthamerstraat 115–117, Tel. 073/613 74 57, €€€*

De Truffel
Die Trüffelrahmsauce gehört zu den Spezialitäten dieses Hauses. Den besten Platz haben Sie in der Nähe der offenen Küche. *Mittags geschl., Korte Putstraat 14–16, Tel. 073/614 27 42, €€*

Brasserie
In Den Zevenden Hemel
Klassische, leicht französisch angehauchte Küche in angenehmer Atmosphäre. *Mittags geschl., Korte Putstraat 13–17, Tel. 073/ 690 14 51, €€*

ÜBERNACHTEN

Barkhotel
Das unweit vom Zentrum gelegene Mittelklassehotel bietet 40 angenehme Räume. *Zandzuigerstraat 101, Tel. 073/644 14 00, Fax 644 13 37, €€*

AUSKUNFT

Markt 77, Tel. 0900/112 23 34, Fax 073/612 89 30, www.vvvs-hertogenbosch.nl

ZIEL IN DER UMGEBUNG
Berkel-Enschot [124 B4]
Rund 25 km südwestlich von Den Bosch befindet sich in diesem Vorort von Tilburg eine der originellsten Bierbrauereien des Landes. In der dortigen Abtei brauen Mönche nach Rezepten aus dem 19. Jh. das so genannte Trappistenbier. Sie können den Klosterbrüdern bei ihrer Arbeit zuschauen und das Bier hinterher in der Probierstube *(proeflokaal)* testen. *Trappistenbrouwerij De Koningshoeven, April–Okt. Di–Sa 11–18, So 12–18 Uhr, geführte Touren (4,50 Euro) Di–Sa 13.30 und 15 Uhr, www.latrappe.nl*

MAASTRICHT

[126 A5] In der Hauptstadt der Südprovinz Limburg sei das Leben bes-

MARCO POLO Highlights
»Der Süden«

★ **Bonnefantenmuseum**
Ob von außen oder von innen: Hier in Masstricht finden Sie in jedem Fall etwas fürs Auge (Seite 77)

★ **Bootsrundfahrt**
Stadtrundfahrt durch 's-Hertogenbosch mit dem Boot unter den Häusern hindurch (Seite 74)

★ **St.-Pietersberg-Grotten**
Eine unvergessliche Stunde in den 200 km langen Grottengängen in Maastricht (Seite 76)

★ **Vaalser Berg**
In der hügeligen Landschaft Südlimburgs tragen die Lokale auf einmal Namen wie»Berg und Tal« (Seite 78)

ser als anderswo, behaupten (nicht nur) die Einheimischen. So lautet denn auch der Werbeslogan der Stadt: *Maastricht, dat gun je jezelf* (»Maastricht muss man sich einfach gönnen«).

Der lebenslustige, quirlige Ort am Fuß des St. Pietersberg hat ein fast burgundisches Gesicht, und seine gut 120 000 überwiegend katholischen Bewohner sind anders als der Rest der Niederländer. Das werden Sie schon an der Sprache bemerken, denn hier spricht man einen eigenen Dialekt, der zwar mit deutschen Worten gespickt ist, sich aber doch nicht so einfach verstehen lässt.

Die alte Festungsstadt blickt auf eine bewegte Geschichte zurück: Schon etwa 50 v. Chr. ließen sich römische Händler an dem Fluss nieder, der der Stadt den Namen gibt. Um 380 n. Chr. verlegte Bischof Servatius seinen Sitz von Tongeren nach Maastricht. Im Verlauf der Geschichte hatte die Perle im Süden der Niederlande zum Machtbereich der Herzöge von Brabant, der Spanier, der Oranier, der Franzosen und der Belgier gehört.

SEHENSWERTES

Helpoort

Das »Tor zur Hölle« war Teil der ersten Stadtmauern von 1229. Es ist das einzige Stadttor, das übrig geblieben ist. *Ostern–Sept. tgl. 13.30 bis 16.30 Uhr, kein Eintritt, St. Bernardusstraat*

St.-Pietersberg-Grotten

★ Diese berühmten Grotten sind durch den Abbau von Mergel als Baustein entstanden. Im Lauf der Jahrhunderte kam so ein Labyrinth mit mehr als 20 000 Gängen zu Stande. Während der vielen Belagerungen von Maastricht dienten die Grotten als Schutzraum. Achtung: In den Grotten herrscht eine Temperatur von neun bis zehn Grad! *Ostern–Sept. tgl. mehrere Führungen à 1 Std., Eingang Nordgrotten Lukerweg 71, Eingang Südgrotten Slavante 1 bei den ENCI-Werken, 3,50 Euro*

St.-Servaaskerk

Über dem Grab des heiligen Servatius entstand im 11. Jh. diese Kir-

»Wer flucht, sündigt«

17 000 bibelfeste Niederländer sind Mitglieder im *Bond tegen het vloeken*

Eine Organisation der besonderen Art ist der *Bond tegen het vloeken.* Das Wahrzeichen dieses Bundes gegen das Fluchen, der Papagei im roten Verbotsdreieck, ermahnt die Reisenden auf jedem Bahnhof von der Plakatwand: »Fluchen ist angelernt, plappere nicht nach!« 1917 wurde der Bund von einem Matrosen gegründet, der sich nach all den langen Jahren auf See an der groben Sprache seiner Landsleute störte. Daran hat sich nichts geändert. Noch heute lautet das Motto der 17 000 zumeist bibelfesten Mitglieder: »Wer flucht, sündigt.«

che. Karl der Große legte den Grundstock für einen bedeutenden Reliquienschatz, den man bis heute besichtigen kann. Sehenswert ist auch das Bergportal aus dem 13. Jh., dessen Reliefs biblische Szenen zeigen. *Tgl. 10–17 Uhr, 2,50 Euro, Keizer Karelplein 3*

Vrijthof
Im Zentrum finden Sie diesen schon fast »unniederländischen« Platz. Wegen der vielen Platanen und Straßencafés wähnt man sich in einer französischen Stadt.

MUSEEN

Bonnefantenmuseum
★ In diesem wie ein Silo im Raketendesign aussehenden Bau des italienischen Architekten Aldo Rossi finden Sie vor allem viele Pieter-Brueghel-Bilder. Daneben gibt es eine interessante Archäologieabteilung sowie eine große Sammlung Maastrichter Keramik und Silber. Bekannt ist das Museum außerdem für seine interessanten Wechselausstellungen. *Di–So 11–17 Uhr, kein Eintritt, bei Ausstellungen 7 Euro, Avenue Céramique 250, www.bonnefanten.nl*

Museum Spaans Gouvernement
Kapitelhaus aus dem 16. Jh. mit einer Reihe von Gemächern, die wie anno dazumal eingerichtet sind. Die Möbel und das Silber stammen aus dem 18. Jh. *Mi–So 13–17 Uhr, 2,50 Euro, Vrijthof 18, www.museumspaansgouvernement.nl*

ESSEN & TRINKEN

Rund um den Vrijthof finden Sie zahlreiche Restaurants. Sobald Sie den ersten Bissen gegessen haben, werden Sie merken, dass das Essen in dieser Gegend wesentlich besser als im Norden ist.

La Carponnière
Die französischen Fischmenüs schmecken vorzüglich. *So/Mo geschl., Luikerweg 80, Tel. 043/321 71 33, €€*

L'Empereur
In diesem Haus unweit vom Bahnhof speisen Sie wie Gott in Frankreich. *Tgl., Stationsstraat 2, Tel. 043/321 38 38, €€*

Bistro-Brasserie Gallië
Der Gallier Asterix hätte bestimmt seine Freude an den schmackhaften Fleischgerichten! *So-Abend und Mo geschl., Achter het Vleeshuis 27, Tel. 043/321 63 75, €*

In de Gouden Vogelstruys
Eine der schönsten Kneipen der Stadt und so etwas wie das Wohnzimmer der Maastrichter. Unter den Porträts alter Stammkunden trinken morgens vor allem die älteren Einheimischen ein Gläschen. Im Sommer sitzt man draußen. *Tgl. 9.30–2 Uhr, Vrijthof 15*

Jean la Brouche
Unweit vom Vrijthof köstliche Fisch- und Fleischgerichte mit aparten Saucen. *Mittags, So und Mo geschl., Tongersestraat 9, Tel. 043/321 46 09, €€€*

ÜBERNACHTEN

Hotel Résidence Beaumont
Freundliches Mittelklassehotel zwischen Bahnhof und Wycker Brücke mit eigenem Restaurant. *117 Zi.,*

Wycker Brugstraat 2, Tel. 043/
325 44 33, Fax 325 36 55, www.
beaumont.nl, €€

Botel Maastricht

Die Maas wiegt einen in den Schlaf,
obwohl das Schiff selbst nicht unbedingt romantisch ist. *30 Zi., Maas-
boulevard 95, Tel. 043/321 90 23,
Fax 325 79 98, €*

Du Casque

Modernes Viersternehotel gleich
um die Ecke beim Vrijthof. *45 Zi.,
Helmstraat 14, Tel. 043/321 43 43,
Fax 325 51 55, www.bestwestern.
nl/ducasque, €€€*

AM ABEND

La Gare

Bar und Diskothek in Bahnhofsnähe. Verschiedene DJs. *Di–Fr und So
22–4, Sa 22–5 Uhr, Spoorweglaan 6*

AUSKUNFT

*Kleine Staat 1, Tel. 043/325 21 21,
Fax 321 37 46, www.vvvmaas
tricht.nl*

ZIELE IN DER UMGEBUNG

Insider Tipp ★ **Thorn** [126 B3]

Der Kern dieses kleinen Städtchens
(3000 Ew.) knapp 40 km nördlich
von Maastricht an der belgischen
Grenze besteht aus weiß getünch-
ten Häusern aus dem 18. Jh. Im
Volksmund heißt der Ort deshalb
het witte stadje, das weiße Städtchen. In früheren Zeiten war das
Zentrum ein Kloster, das so großes
Ansehen genoss, dass adlige Eltern
ihre Töchter gleich nach der Geburt
auf eine Warteliste setzen ließen.
Im 19. Jh. wurden die meisten Klos-

tergebäude abgerissen, das Straßen-
muster und die Abteikirche blieben
jedoch erhalten. Heute gibt es im
Zentrum zahlreiche Kneipen. Auskunft: *Wijngaard 14, Tel. 0475/
56 27 61, www.vvvzuidlimburg.nl*

Vaalser Berg [126 C5–6]

★ Mit sage und schreibe 322,5 m
ist der Vaalser Berg der höchste
Punkt der Niederlande. Er liegt
25 km südöstlich von Maastricht
im Dreiländereck Niederlande/Bel-
gien/Deutschland. Wer sich verir-
ren möchte, kann sich in das *Insider Tipp* aus
17 000 Buchsbäumen bestehende
Grenzlabyrinth begeben. Eine herrliche Aussicht auf Aachen und das
limburgische Hügelland haben Sie
vom ⚐ *König-Baudouin-Turm* aus.

Valkenburg [126 B5]

🏃 Das limburgische »Bergstädt-
chen« gut 10 km östlich von Maastricht besitzt eine lange touristische
Tradition. Schon im 19. Jh. kamen
die Reichen von Aachen und Lüt-
tich, um sich hier zu erholen. Mit-
lerweile tummeln sich in Valkenburg (18 000 Ew.) im Sommer Tausende von Menschen. Wie früher
kommen auch heute noch viele zum
Baden im mineralhaltigen Wasser
(Thermae 2000). Das Städtchen ist
auch ein Mekka für junge Radler,
bei denen die in dieser Gegend häu-
figen Haarnadelkurven äußerst beliebt sind. Auskunft: *Th. Dorren-
plein 5, Tel. 0900/97 98, Fax 043/
609 86 08, www.vvvzuidlimburg.nl*

VENLO

[126 C1] Die Grenzstadt (90 000
Ew.) ist bei Deutschen als Einkaufs-
stadt beliebt. Die Stadtrechte hat

Die Ruine Valkenburg thront über dem gleichnamigen Städtchen

Venlo schon im Mittelalter erhalten, als die Maasstadt ein wichtiger Handelsplatz war. Landwirtschaftliche Güter sind heute noch wichtig: Die Tomaten, Champignons, Spargel und Gurken, die in den Gewächshäusern und auf den Feldern der Umgebung wachsen, werden in Venlo umgeschlagen. In den letzten Jahren geriet das Städtchen immer wieder in die Schlagzeilen, weil die Maas große Teile überschwemmt hatte. Der Wirt vom *Café Witte (Parade 28)* hat rechts von der Eingangstür Schilder montiert, die auf die letzten Hochwasser hinweisen.

Insider Tipp

MUSEEN

Limburgs Museum
In diesem Museum können Sie die Geschichte der Provinz Limburg hören, fühlen und riechen. Dargestellt wird auch das Familienleben der letzten 200 Jahre, u. a. anhand der jeweiligen Kleidungssitten und der Karnevalskostüme. *Di–So 11 bis 17 Uhr, 5 Euro, Keulsepoort 5, www.limburgsmuseum.nl*

Insider Tipp

Museum Van Bommel Van Dam
In diesem Museum wird vor allem zeitgenössische Kunst gezeigt. *Di*

bis So 11–17 Uhr, 2 Euro, Deken van Oppensingel 8, www.vanbom melvandam.nl

ESSEN & TRINKEN

Valuas
Reichhaltige, internationale Küche – von spanischen Vorspeisen bis zu amerikanischen Steaks. *So geschl., Sint Urbanusweg 9–11, Tel. 077/ 354 11 41, €€ – €€€*

EINKAUFEN

Venlo ist bekannt für seinen kunterbunten, viel besuchten *Samstagsmarkt (8–14 Uhr)*. Daneben gibt es mittwochs nachmittags einen großen *Blumen- und Pflanzenmarkt*.

ÜBERNACHTEN

American
Freundliches Familienhotel in Bahnhofsnähe. *18 Zi., Keulsepoort 14, Tel. 077/351 54 54, Fax 352 14 44, www.hotelamerican.nl, €€*

AUSKUNFT

Koninginneplein 2, Tel. 077/ 354 38 00, Fax 320 77 70

Von West-Brabant ins Inselreich Zeeland

Wandern, radeln, surfen und segeln: Im Südwesten der Niederlande ist Natururlaub Trumpf

Tauchen in der Brandung vor der Küste von Walcheren, segeln auf der Oosterschelde, windsurfen auf dem Veerse Meer: Wassersportler finden in der Provinz Zeeland genug Platz, um ihrem Hobby zu frönen. Wer Lust hat, kann sich sogar jeden Tag einen anderen Strand suchen, denn die westlichste Provinz der Niederlande besteht aus mehreren Inseln, die über zahlreiche Dämme und Brücken miteinander verbunden sind. In dieser Gegend, wo so manche Flutkatastrophe Menschenleben vernichtet und Häuser zerstört hat, kann man entdecken, was die Niederländer alles bewerkstelligt haben, um der Wassermassen Herr zu werden.

Wer genug hat von Sonne, Strand und Wasser, kann sich in die reiche Geschichte der Zeeland-Inseln vertiefen: etwa in der Hauptstadt Middelburg, die an die tausend unter Denkmalschutz stehende Gebäude zählt, oder, schon im westlichen Zipfel der Provinz

Familienfreundliche Orte und breite Strände: Zeeland eignet sich bestens für einen Urlaub mit Kindern …

… und die Brandung lässt es auch Erwachsenen nicht langweilig werden

Noord-Brabant gelegen, in den mittelalterlichen Handelsstädten Bergen op Zoom und Breda. Ausführliche Informationen zur Provinz Zeeland finden Sie im MARCO POLO Band »Holländische Küste«.

BERGEN OP ZOOM

[123 D–E4] Wenn Sie gerne Sardellen, Spargel und Erdbeeren mögen, sind Sie in der ehemaligen Markgrafenstadt Bergen (65 000 Ew.) genau am richtigen Ort. Aus der Oosterschelde kommen die Fische, und die Spargel und Erdbeeren wachsen in den Treibhäusern östlich der Stadt. Die frühmittelalterlichen Stadtmauern erinnern noch heute an die blühende Zeit der

Markgrafen, als die Oosterschelde die wichtigste Verbindungsroute nach Antwerpen darstellte und Bergen mit der halben Welt Handel trieb. Die Stadt verlor ihre Bedeutung, als die Meeresbucht um 1550 immer mehr versandete und die Schiffe auf der Westerschelde nach Belgien fuhren.

SEHENSWERTES

Gevangenpoort oder Lievevrouwepoort

Unweit vom Markiezenhof steht ein Tor aus weißem Naturstein. Dieses älteste Baudenkmal von Bergen op Zoom ist ein übrig gebliebener Teil der Verteidigungsmauern, die im frühen 14. Jh. angelegt wurden. *Lieve Vrouwenstraat*

Grote Markt

Auf dem dreieckigen Platz im Herzen der Stadt gibt es viele Kneipen und Restaurants, von denen Sie einen schönen Blick auf die mittelalterlichen Gebäude mit reich verzierten Giebeln haben. Ebenfalls auf dem Marktplatz befindet sich das *Stadhuis* (Rathaus), das für diesen verhältnismäßig kleinen Ort ziemlich beeindruckend ist. Es besteht eigentlich aus drei Gebäuden: dem ursprünglichen *Schepenhuis*, dem Haus *Leeuwenborch* auf der rechten Seite und dem Haus *De Olifant* zur Linken. Das Stadttheater *Stadsschouwburg de Maagd* ist in einer ehemaligen katholischen Kirche untergebracht.

Markiezenhof

Das schönste Gebäude in Bergen wurde zwischen 1485 und 1525 für den Markgrafen von Bergen gebaut. Heute hat im Markiezenhof das Gemeindemuseum seinen Sitz. *Di–So 11–17 Uhr, 5 Euro, Steenbergestraat 8*

ESSEN & TRINKEN

Auf dem *Grote Markt* gibt es zahlreiche Restaurants und Cafés, die Gerichte der Gegend und Regionalprodukte anbieten.

De Heeren van Bergen

Das hübsche Bistro serviert jahreszeitliche, oft französisch inspirierte (Fisch-)Gerichte. Freundliche Atmosphäre. *Mo/Di geschl., Bosstraat 17, Tel. 0164/25 30 89, €€*

ÜBERNACHTEN

Hotel Mercure De Draak

Das vornehme, alte Hotel – laut den Annalen die älteste Herberge der Niederlande – befindet sich am Grote Markt. Wenn Sie ein Zimmer mit Blick auf den Marktplatz haben, ist es zwar nicht ganz ruhig, doch die Atmosphäre ist einmalig. *68 Zi., Grote Markt 36–38, Tel. 0164/23 36 61, Fax 25 70 01, www.hoteldedraak.com, €€*

Inside Tipp

AUSKUNFT

Stationsstraat 4, Tel. 0900/ 202 03 36, Fax 0164/24 60 31

BREDA

[124 A4] Die Bischofsstadt im Westen der Provinz Noord-Brabant (160 000 Ew.) strahlt Gemächlichkeit und Gemütlichkeit aus, egal ob man zu Fuß durch einen der vielen Parks streift, die Umgebung mit dem Fahrrad erkundet oder mit dem Rundfahrtboot auf der Mark fährt. Von der Hektik der Randstad werden Sie hier kaum etwas spüren. Früher, als Breda eine strategisch wichtige Rolle als Handelsstadt auf dem Weg in den Norden spielte, war das anders – etwa im 80-jährigen Krieg, als man sich gegen die spanischen Herrscher zur Wehr setzen musste. Noch heute erinnert im Madrider Prado ein Gemälde des spanischen Malers Velázquez an die bewegte Geschichte: Das Bild »Die Übergabe von Breda« (»Las Lanzas«) zeigt die Rückeroberung der Stadt durch den spanischen Feldherrn Spinola 1625.

SEHENSWERTES

Grote Kerk oder Onze Lieve Vrouwekerk

Das wuchtige spätgotische Gotteshaus an der Westseite vom Grote Markt mit seinem 97 m hohen Turm dominiert das Stadtbild schon von weitem. Hier liegen die prunkvollen Gräber der Grafen von Nassau. Übrigens lohnt es sich, das alte *Insider Tipp* Holzschnitzwerk im Chor etwas ausführlicher zu betrachten: Die zwei Männer auf dem Motorrad

sollten Sie sich nicht entgehen lassen – Feuerstühle gabs im Baujahr 1410 bestimmt noch nicht! *Mo–Sa 10–17, So 13–17 Uhr; 1,75 Euro, Kerkplein 2*

Kasteel van Breda

In der ehemaligen Residenz der Grafen von Nassau am Kasteelplein residiert die Militärakademie. Den Innenhof des von Wasser umgebenen Schlosses kann man ansehen, die Gemächer sind nur im Rahmen einer VVV-Tour zu besichtigen.

ESSEN & TRINKEN

De Beyerd

Auf der Speisekarte dieses kleinen, gemütlichen Restaurants stehen vor allem Produkte aus der Region, die nach belgischen Rezepten mit viel Bier zubereitet werden. *Insider Tipp* Umfangreiche Bierkarte. Reservieren! *Mittags und Mi geschl., Pasbaan 1, Tel. 076/522 02 22, €€*

De Bommel

Insider Tipp

Großes, altehrwürdiges Café. Nachmittags treffen sich hier die Kunststudenten von der nahen Akademie, abends kommen vor allem

---

MARCO POLO Highlights »Der Südwesten«

★ **Delta-Expo Neeltje Jans**
Staunen Sie über die geniale Wassertechnik der Niederländer
(Seite 85)

★ **Domburg**
Beim Dünenspaziergang oder im Liegestuhl: Im

ältesten Seebad der Niederlande können Sie wunderbar entspannen
(Seite 86)

★ **Middelburg**
Spazieren Sie durch die bewegte Geschichte Zeelands (Seite 84)

Einheimische; an Wochenenden weicht man oft auf die Straße aus. Großes Biersortiment. *Mo–Do 10.30–1, Fr/Sa 10.30–2, So 15–2 Uhr, Halsstraat 1*

EINKAUFEN

Die wichtigste Einkaufsstraße ist die *Veemarktstraat.* In der Nähe vom *Grote Markt* finden Sie aber auch viele kleine Läden.

ÜBERNACHTEN

Hotel Brasserie de Klok
Freundliches, zentral gelegenes Familienhotel. Abends sitzt man gemütlich auf der großen Terrasse. *21 Zi., Grote Markt 26–28, Tel. 076/ 521 40 82, Fax 514 34 63, www. hotel-de-klok.nl, €€*

Hotel Keyser
Einfaches Hotel im Herzen der Stadt. *80 Zi., Keizerstraat 5, Tel. 076/520 51 73, Fax 520 52 25, www.hotel-keyser.nl, €*

AM ABEND

De Graanbeurs
🏃 Typische »braune Kneipe«, etwas schummrig. Viele Jugendliche, viele Spielautomaten. *Do und Sa 22 bis 4, Fr 24–4 Uhr, Reigerstraat 20*

AUSKUNFT

Willemstraat 17–19, Tel. 0900/ 522 24 44, www.vvvbreda.nl

ZIEL IN DER UMGEBUNG

Insider Tipp **Ginneken** [124 A4]
Die Umgebung von Breda ist ideal zum Radfahren. Besonders beliebt sind Ausflüge entlang des Flüsschens Mark, wobei die meisten Sonntagsradler anschließend in dem südlichen Vorort Ginneken (ca. 5 km) einkehren. Dort gibt es zahlreiche Kneipen und gemütliche Straßencafés.

MIDDELBURG

[122 B4] ★ Die alten Stadttore und die stattlichen Patrizierhäuser sind bis heute charakteristisch für die charmante Hauptstadt der Provinz Zeeland mit ihren 45 000 Ew. Im 13. Jh. war der Ort auf der Insel Walcheren ein wichtiges Zentrum des Tuchmachergewerbes, und im 17. Jh. hatte die Vereinigte Ostindische Handelskompanie hier ihren Hauptsitz. Zahlreiche historische Speicher erinnern an die glorreiche Seefahrerzeit. Den Stadtkern, im Zweiten Weltkrieg von der deutschen Luftwaffe weitgehend zerstört, hat man wieder mit den typischen roten Backsteinen aufgebaut.

SEHENSWERTES

Abdij
Die größte Attraktion dieses ehemaligen Klosters ist der *Lange Jan,* der 85 m hohe, achteckige Turm *(2,30 Euro).* Im Sommer werden Konzerte mit den 49 Turmglocken **Insider Tipp** veranstaltet *(Do 12–13, Sa 11–12 Uhr).* In den Klostergängen wird das Leben der Mönche gezeigt *(nur mit Führung, reservieren, Tel. 0118/65 98 88).* Heute dient das Kloster als Regierungssitz der Provinz Zeeland. Im Innenhof befindet sich ein Kräutergarten. *Mo–Sa 10 bis 17, So 12–17 Uhr, kein Eintritt, Abdij 4*

ESSEN & TRINKEN

Het Groot Paradijs

Das elegante Restaurant (sehr gute Fisch- und Fleischgerichte) ist mit einem der in den Niederlanden seltenen Michelinsterne ausgezeichnet. *So/Mo geschl., Damplein 13, Tel. 0118/65 12 00,* €€€

Surabaya

Insider Tipp

Das indonesische Restaurant liegt am Rand des Zentrums. Reistafelbuffet ab 17,50 Euro. *Mo und mittags, im Winter auch Di geschl., Stationsstraat 20–22, Tel. 0118/ 63 59 14,* €€

In den Zevenden Hemel

Eetcafé in der Nähe vom Bahnhof. Das kulinarische Angebot in diesem historischen Haus reicht von selbst gemachter Entenleberpastete bis zu würziger Krabbensuppe. *Di und mittags geschl., Stationsstraat 24, Tel. 0118/63 57 22,* € – €€

EINKAUFEN

Middelburg ist bekannt für seinen folkloristischen *Donnerstagsmarkt.* Vor dem Rathaus stellen Händler zahlreiche Stände auf.

ÜBERNACHTEN

Arneville

Das edelste Hotel von Middelburg, etwas außerhalb vom Zentrum. Mit Restaurant und Bar. *46 Zi., Buitenruststraat 22, Tel. 0118/63 84 56, Fax 61 51 54, www.hotelarneville. nl,* €€€

Le Beau Rivage

Modern eingerichtetes, historisches Grachtenhaus wenige Gehminuten

Vor dem gotischen Rathaus herrscht donnerstags buntes Markttreiben

vom Grote Markt. *9 Zi., Loskade 19, Tel. 0118/63 80 60, Fax 62 96 73,* € – €€

Grand Hotel du Commerce

Bequemes, aber einfaches Hotel im Herzen der Stadt. *46 Zi., Loskade 1, Tel. 0118/63 60 51, Fax 64 48 86,* €

AUSKUNFT

Nieuwe Burg 40, Tel. 0118/ 67 43 00, Fax 65 99 66, vvvzld@ zeelandnet.nl

ZIELE IN DER UMGEBUNG

Delta-Expo Neeltje Jans [122 B3]

★ Ein Besuch der Expo auf der ehemaligen Arbeitsinsel Neeltje

Die MARCO POLO Bitte

Marco Polo war der erste Weltreisende. Er reiste in friedlicher Absicht, verband Ost und West. Er wollte die Welt entdecken, fremde Kulturen kennen lernen, nicht zerstören. Könnte er heute für uns Reisende nicht Vorbild sein? Aufgeschlossen und friedlich sollte unsere Haltung auf Reisen sein. Dazu gehören auch Respekt vor Mensch und Tier und die Bewahrung der Umwelt.

WWF

Jans an der Straße über das Sturmflutwehr zwischen Schouwen und Beveland lohnt sich auf jeden Fall, denn dort werden die verschiedenen baulichen Flutschutzmaßnahmen anschaulich dargestellt. Imposant sind vor allem die 65 Pfeiler der Anlage, in deren Sockel sich je sechs Kammern mit einer Fläche von 8 X 20 m und einer Höhe von 12 m befinden. Wird das Wehr geschlossen, füllen sich diese Hohlräume mit Wasser. Die Deltawerke wurden so angelegt, dass die Gezeitenströme freien Lauf haben und das biologische Gleichgewicht nicht aus den Fugen gerät.

Domburg   [122 A4]

★ 🏃 In diesem ältesten Badeort von Walcheren 13 km nordwestlich von Middelburg gibt es nicht nur einen breiten Sandstrand, sondern auch ein riesiges Dünengebiet. Schon im 19. Jh. kamen betuchte Bürger aus Middelburg hierher, um sich in der *zeebadinrichting* zu erholen. Noch immer gibt es zahlreiche stilvolle Gebäude aus jener Zeit. Heute reisen im Sommer vor allem junge Leute nach Domburg, um Sport und Spaß zu haben. Für sie wird im Juli und August jeden Donnerstag eine ==15 km lange Tour auf Inlineskates== organisiert. Aus-

Insider Tipp

kunft: *Schuitvlotstraat 32, Tel. 0900/202 02 80, Fax 0118/ 58 35 45, www.domburg.info/nl*

Renesse   [122 C3]

🏃 Am Fuß der Dünen in der Nordwestecke der Insel Schouwen-Duiveland liegt das Dorf Renesse. Die zahlreichen Touristen kommen vor allem der tollen Sandstrände wegen. Diese sind 17 km lang und gehören zu den breitesten in ganz Zeeland. Der Badeort ist vor allem bei Jugendlichen sehr beliebt – nicht unbedingt zur großen Freude der Polizei, weil es im Sommer immer wieder zu Zwischenfällen kommt. Damit sich die verschiedenen Badegäste (jung, alt, Nacktbader) nicht in die Quere kommen, wurde das Strandgebiet in Zonen eingeteilt. Gleich hinter dem Sandstrand erstreckt sich ein 11 km^2 großes Wald- und Dünengebiet, das zu Fuß oder auf dem Rad erkundet werden kann. Am Südeingang des Dorfes kann man das Auto gebührenfrei parken. Ein Bus befördert die Badegäste gratis zum Strand.

Veere   [122 B4]

7 km nördlich liegt dieses pittoreske historische Festungsstädtchen mit seinem eleganten Rathaus und dem intimen Marktplatz. Veere war

ursprünglich ein Fischerdorf und lebte später hauptsächlich vom Wollhandel mit Schottland. Die Fischer und Wollhändler haben inzwischen Platz für die Wassersportler gemacht. Von Mai bis September werden Rundfahrten auf dem Veerse Meer angeboten. Der Strand von Veere wurde 2003 zum saubersten des ganzen Landes ausgerufen. Auskunft: *Oudestraat 28, Tel. 0900/202 02 80, Fax 0118/58 35 45, www.vvvwnb.nl*

Yerseke [123 D4]

Das Fischerdörfchen auf Zuid-Beveland ist das größte Muschel- und Austernzentrum der Niederlande. Am Hafen finden Sie mehrere Fischrestaurants, zum Beispiel *Nolet's Vistro (Sept.–Juni Mo geschl., Tel. 0113/57 21 01, €€–€€€).*

Zeeuws Vlaanderen [122 A–C 5–6]

Spuren der Deichdurchbrüche und Überschwemmungen ziehen sich wie Narben durch diese südlichste Gegend der Provinz Zeeland, die nur durch den neuen Tunnel unter der oder per Personenfähre über die Westerschelde oder durch Belgien zu erreichen ist. Zahlreiche Polder und Deiche sind Zeugen des ständigen Kampfes, den die Bewohner in diesem Zipfel der Niederlande gegen das Wasser geführt haben. Das Gebiet wird viel von belgischen Touristen besucht. Vor allem die Badeorte an der Westküste – *Breskens, Cadzand, Retranchement* – und das hübsche Grenzstädtchen *Sluis* sind im Sommer stark frequentiert. Es gibt zahlreiche Campingplätze, oft nur wenige Meter hinter dem Strand, aber auch Hotels und Pensionen.

Zierikzee [122 C3]

Der Sint Lievensmonstertoren, Wahrzeichen des 33 000-Ew.-Ortes auf der Insel Duiveland, begrüßt Sie schon von weitem. Eigentlich hätte das unförmige Bauwerk 130 m hoch werden sollen – es sind aber bloß rund 60 m geworden. Im Mittelalter war Zierikzee ein wohlhabender Handelshafen. Der Bau der Deltawerke gab dem Ort einen neuen Impuls. Auskunft: *Meelstraat 4, Tel. 0111/41 24 50, Fax 41 72 73*

Yerseke: die Miesmuschel- und Austernhauptstadt der Niederlande

Sommerresidenzen und beschauliche Einsamkeit

Die Touren sind in der Karte auf dem hinteren Umschlag und im Reiseatlas ab Seite 114 grün markiert

1 SOMMERSCHLÖSSER DER AMSTERDAMER KAUFLEUTE

Diese ca. 25 km lange Fahrradtour führt über eine alte Handels- und Verbindungsstraße entlang der Vecht von Utrecht nach Weesp. Unterwegs fahren Sie an Dutzenden von Schlössern und Herrschaftshäusern vorbei. Sie sind ein Überbleibsel aus der Zeit, als die reichen Patrizier aus Amsterdam die warme Jahreszeit an den idyllischen Ufern der Vecht verbrachten.

Die Vecht, ein kleiner, träger Fluss, der heute abseits der Schifffahrtsrouten liegt, war schon immer beliebt. Früher ließen sich die reichen Kaufleute von Amsterdam an ihrem Ufer stattliche Herrenhäuser bauen, um im Sommer dort zu wohnen. Während bei den älteren Schlössern der Schutz vor feind-

Das mittelalterliche Sneek mit zwei achteckigen Stadttoren ist Ziel einer Tour auf Inlineskates durch Friesland

lichen Angriffen im Vordergrund stand, ging es bei den später errichteten Landsitzen mehr um eine ansprechende Architektur. Die Baumeister ließen sich von den alten Griechen inspirieren, machten aber auch Anleihen bei den Italienern und den Franzosen. Im 17. Jh. wurde vor allem im klassizistischen Stil gebaut, später herrschten üppige Barockornamente vor, und in der zweiten Hälfte des 19. Jhs. tauchten neogotische Elemente auf. Zu den meisten Herrenhäusern gehört ein großer Garten oder ein Park. Auch diese mussten natürlich Grandeur ausstrahlen. Die älteren Grünanlagen wurden nach französischem Vorbild symmetrisch gestaltet, später prägten englische Landschaftsgärten das Bild. Im 19. Jh. legte der bekannte niederländische Gartenarchitekt Jan David Zocher (u. a. Vondelpark in Amsterdam) viele Grünflächen in seinem typischen Stil mit sich schlängelnden Pfaden, Teichen und Baumgruppen an. Ein Großteil dieser Schlösser und Landhäuser ist bis heute in der ursprünglichen Form erhalten.

Die Tour beginnt beim *VVV-Büro (beim Bahnhof, Vredenburg 90)* in Utrecht *(S. 49)* und führt über die *Lange Viestraat* bis zur *Oude Gracht*. Da die Gracht ein paar Kilometer weiter in die Vecht mündet, ist es am einfachsten, am rechten Grachtenufer entlang bis nach *Oud-Zuilen* zu fahren. Hier werden Ihnen die für ein Dorf überaus imposanten Häuser rechts und links der Hauptstraße *(Dorpstraat)* auffallen.

Am Ortsausgang tauchen die hohen Türme von *Schloss Zuylen (Tournooiveld 1)* auf. Der eindrucksvolle mittelalterliche Bau verfügt, obwohl er mehrfach umgebaut wurde, noch über seine Originalfassaden. Der Park wurde nach dem Vorbild von Versailles gestaltet. Die berühmteste Schlossbewohnerin war die für ihre Zeit sehr kritische Schriftstellerin Belle van Zuylen (1740–1805), an die heute das zum Schloss gehörende *Grand-Café Belle* erinnert. Das *Schlossmuseum* und der große Park können besichtigt werden *(Mitte Mai–Mitte Sept. Di–Do 11–17, Sa/So 13–17 Uhr; Mitte März–Mitte Mai und Mitte Sept.–Mitte Nov. Sa/So 13–17 Uhr; 4,50 Euro).*

Nun geht es weiter nach *Maarssen*, wo es von Schlössern und Herrenhäusern nur so wimmelt. Zuerst kommt *Huis ten Bosch (Zandweg 44)*, dann taucht das eindrucksvolle schmiedeeiserne Gittertor von *Schloss Doornburg (Diependaalsedijk 17)* auf, und schließlich landen Sie bei *Schloss Goudestein (Diependaalseweg 19)*, das heute als Rathaus Dienst tut. Lassen Sie Ihr Fahrrad hier für einen Moment im Schlosspark stehen, und machen Sie einen kurzen Abstecher ins *Ne-derlands Drogisterij Museum (Mai bis Okt. Mi–Sa 11–17, So 13–17 Uhr; 3 Euro, Diependaalsedijk 19 c)*, das sich im ehemaligen Kutscherhaus gleich hinter dem Schloss befindet. Tauchen Sie ein in die Welt der Salbentöpfchen und der Essenzfläschchen mit eingebrannten Etiketten, und lassen Sie sich vom Museumsbesitzer die Geschichte der typischen holländischen »Gähner« erzählen (er spricht recht gut Deutsch).

Die nächsten paar Kilometer führen dann Richtung *Breukelen*. Bevor Sie ins Dorf fahren, sehen Sie auf dem anderen Ufer den viereckigen Turm von *Nijenrode (Straatweg 25)*. Gleich dahinter steht das im 13. Jh. erbaute Schloss. Heute befindet sich dort die renommierte Wirtschaftshochschule gleichen Namens, die auch der ehemalige Ministerpräsident Wim Kok besucht hat. In Breukelen stehen am linken und am rechten Vechtufer aber noch weitere Schlösser: *Boom en Bosch (Markt 13)*, *Gunterstein (Laan van Gunterstein)*, *Queekhoven (Zandpad 41)* und *Groenevecht (Zandpad 37)*. Die nächste Etappe ist *Loenen*. Falls Sie nicht schon unterwegs in einem der zahlreichen Cafés am Wasser Rast gemacht haben, ist das Restaurant *Het Wapen van Loenen (Mijndensedijk 1, Tel. 0294/23 24 75, €€)* die ideale Adresse für eine Zwischenmahlzeit. Die drei Schlösser in Loenen – *Vegtlust (Oud Over 3)*, *Bijdorp (Oud Over 8)* und *Oud Over (Oud Over 33)* – können leider nicht von innen besichtigt werden. Ein Blick auf die edlen Gemäuer lohnt sich aber allemal. Die Uferstraße führt danach durch *Vreeland* mit den beiden Herren-

Insider Tipp

häusern *Het Plantagehuis (Kleizuwe 101)* und *Valck en Heining (Rijksstraatweg 147)*. Dann kommen Sie zur Schleuse *'t Hemeltje*. Dort biegen Sie links ab und fahren die letzten paar Kilometer den Wegweisern nach bis *Weesp,* wo Sie sich auf der großen Terrasse des Restaurants *De Schalkse Weesp (tgl., Ossemarkt 12a, Tel. 0294/ 41 35 44, €€)* erholen können. Sie haben die Möglichkeit, in Weesp entweder in den Zug zu steigen *(Fahrradmitnahme gegen Gebühr gestattet)* oder mit dem Fahrrad zur ca. 15 Minuten entfernten, gut ausgeschilderten Amsterdamer Metrostation Kraaienest zu fahren.

2 GRENZTOUR DURCH DAS ACHTERHOEK

Diese rund 150 km lange Tagestour führt von dem Hansestädtchen Zutphen durch eine reizvolle Kulturlandschaft über Winterswijk an die deutsche Grenze bis nach Enschede. Sie können den Blick über endlose Felder streifen und sich von den schönen Bauernhöfen beeindrucken lassen.

Über das niederländische *Achterhoek* (wörtlich übersetzt: »Hinterwinkel«) gibt es zahlreiche Vorurteile: Die Landschaft sei eintönig, es gebe nichts zu erleben und man spreche einen grässlichen Dialekt. Eine Kritik, die nicht gerechtfertigt ist, wie Sie auf dieser Tour feststellen werden. Die stolzen Herrenhäuser, die stattlichen Bauernhäuser, die vielen guten Restaurants und die zahlreichen Antiquitätengeschäfte bieten eine gefällige Abwechslung zu den umgepflügten Feldern und sattgrünen Wiesen.

Der Ausflug beginnt im Hansestädtchen *Zutphen (S. 66)* und führt zuerst auf der N 348 in südlicher Richtung nach Brummen. Dort zweigen Sie links ab und folgen den Schildern nach *Bronkhorst*. Kurz vor dem Ort müssen Sie die IJssel mit einer Fähre überqueren *(Bronkhorster Veer, Sommer tgl. 7.30–20, Winter 7.30–18 Uhr, 1,50 Euro pro Auto)*.

Bronkhorst besitzt seit 1492 das Stadtrecht und ist mit seinen nur 155 Ew. somit die kleinste »Stadt« der Niederlande. Der historische, fast komplett unter Denkmalschutz stehende Ortskern besteht aus einer Hauptstraße und lässt sich am einfachsten zu Fuß erkunden. Das *Dickens Museum (Ostern bis Herbstferien tgl. 10–17 Uhr, sonst nur nach Vereinbarung, Tel. 0575/ 45 16 23, kein Eintritt)* ist dem Gabriel aus Charles Dickens' Pickwick-Club, der im 19. Jh. in Bronkhorst gewohnt haben soll, gewidmet. Ferner gibt es ein Antiquitätengeschäft *(Heeren van Bronckhorst)*, eine Töpferei *(Pottenbakker Jur Plantinga)* sowie eine Käserei *(Kaasboerderij 't Hoge Huys)*. Auf der Terrasse der *Herberge De Gouden Leeuw (tgl., Tel. 0575/ 45 12 31, €€€)* können Sie sich ausruhen und die alten Fassaden rundherum auf sich wirken lassen.

Danach geht es auf der N 314 weiter nach Hummelo. Dort biegen Sie auf die N 330 Richtung Zelhem, Varsseveld und Aalten ab. Kurz hinter Aalten gelangen Sie nach *Bredevoort*. In diesem als Bücherstadt bekannten Örtchen finden Sie nicht weniger als 25 niederländische und deutsche Antiquariate. Jedes Jahr wird in Bredevoort am dritten Samstag im Mai und am letzten

Bücherstadt Bredevoort: 25 Antiquare

Samstag im August ein großer, internationaler Buchmarkt abgehalten.

Von Bredevoort geht die Tour weiter nach *Winterswijk,* einer Kleinstadt unweit der deutschen Grenze. Flächenmäßig ist der Ort mit seinen fast 140 km² riesig, doch wohnen hier nur 28 000 Menschen. Im Gegensatz zur dicht bevölkerten Randstad hat man hier noch richtig Platz, wie die vielen frei stehenden Häuser im Zentrum belegen. Selbst gemachte Torten und Kuchen bekommen Sie im *Il Caffè (Di–Sa 9–18 Uhr, Markt 48).*

Folgen Sie am Ortsausgang von Winterswijk der N 319 nach *Groenlo,* der Vergnügungshochburg dieser Gegend. Wegen der außergewöhnlich hohen Zahl an Cafés und Kneipen spricht man im

Volksmund vom »Las Vegas des Achterhoek«. Die Stadt, von deren Festungsvergangenheit noch ein paar Mauern erhalten sind, hieß früher Grol. An diesen Namen erinnert heute noch das Grolsch-Bier, denn diese große niederländische Brauerei war ursprünglich in Grol beheimatet.

Die N 18 führt Sie zum Schluss über Eibergen ans Ziel dieser Route, nach *Enschede.* Diese größte Stadt in Overijssel gehört dank ihren zahlreichen Kneipen und mehreren Theater- und Konzertsälen zu einer der interessantesten und gemütlichsten in der ganzen Gegend.

3 AUF INLINESKATES DIE FRIESISCHEN KANÄLE ENTLANG

Diese rund 25 km lange Tour eignet sich sowohl für Skater als auch für Radfahrer. Sie führt von der friesischen Provinzhauptstadt Leeuwarden an breiten Kanälen entlang bis nach Sneek, einer der elf Städte der berühmten *elfstedentocht.* Wenn Sie Lust haben, können Sie mit den Segel- oder Motorbooten auf den Kanälen um die Wette fahren. Je nach Kondition und Zahl der Pausen sollten Sie einen halben bis einen Tag einplanen.

Friesland ist ein Paradies für Wassersportler. Auf den zahlreichen Gewässern kann man vortrefflich segeln, surfen oder Kanu fahren, und da die einzelnen Seen untereinander mit Kanälen verbunden sind, gelangt man problemlos von einem *meer* ins andere. Bootsverleiher gibt es überall, und vielerorts kann man auch Motorboote ohne

Führerschein mieten. Im Winter sind die Kanäle bei entsprechenden Minusgraden von Schlittschuhläufern bevölkert. Die Königsroute des niederländischen Eisschnelllaufs ist die *elfstedentocht (S. 13)*. Es ist auch möglich, die gleiche Strecke durch die elf Städte auf dem Landweg mit Rollerblades oder dem Rad zurückzulegen. In den VVV-Büros erhalten Sie präzise Routenkarten.

Die Tour beginnt beim VVV-Büro vor dem Bahnhof von *Leeuwarden (S. 59)*. Folgen Sie dem Stationsweg rechts, und überqueren Sie nach ein paar Hundert Metern den Bahnübergang. Dann fahren Sie weiter auf der Schrans, einer Einkaufsstraße, in Richtung Goutum. Der Bodenbelag ist auf diesem Anfangsstück keine reine Freude; erst bei der Verlengdeschrans wird das Klinkerpflaster etwas gleichmäßiger. Am Ende dieser Straße folgt die erste leichte Steigung über den Van-Harinxma-Kanal bis zu den Verkehrsampeln. Hier biegen Sie links ab, sodass Sie zum Boxsymerdyk gelangen. Fahren Sie auf diesem Deich weiter in Richtung Wijtgaard. Hier rollen Sie schon bald über wunderbaren Asphalt, sodass Ihnen höchstens der Gegenwind zu schaffen machen könnte.

Für eine erste Rast empfiehlt sich das etwa 10 km von Leeuwarden entfernte *Wijtgaard,* wo Sie im Dorfcafé *Omke Wopke (Mi geschl., Buorren 34, €)* mit Ihren Skates sowohl auf der Terrasse als auch drinnen zu einem einfachen (warmen) Mittagessen willkommen sind.

Danach geht es weiter in Richtung Reduzum. Bei der riesigen Windturbine biegen Sie rechts ab und folgen den Schildern nach Sneek. Gleich hinter der Kurve fin-

»Elfstedentocht« auf Inlineskates

den Sie an der rechten Böschung einen Picknickplatz mit Tisch und Bänken, wo Sie sich ein bisschen ausruhen können. Dann geht der Radweg ziemlich rasant bergab durch eine Unterführung, von wo Sie auf den Snitserdyk gelangen. Es wird Ihnen auffallen, dass die Schilder in dieser Provinz zweisprachig sind – Niederländisch und Friesisch. Bei der Abzweigung in Raerd haben Sie die Möglichkeit, einen Bogen über das Dorf Easterwierrum entlang der Zwette Trekvaart zu fahren oder den Zielort direkt anzusteuern.

Kurz vor Sneek folgen Sie dem ausgeschilderten Weg entlang dem Oosterdijk ins Zentrum. Ab diesem Punkt hört der glatte Asphaltbelag auf, und Sie müssen wieder über Klinker fahren. *Sneek* ist ein hübsches, mittelalterliches Städtchen mit zwei achteckigen Stadttoren. Es gibt viele Kneipen mit Terrassen, *Insider Tipp* wo Sie sich von der Tour erholen können. Der Ort bietet auch zahlreiche Übernachtungsmöglichkeiten *(Auskunft beim VVV-Büro, Marktstraat 18, Tel. 0515/41 40 96, Fax 42 37 03, www.vvvsneek.nl)*.

Auf zwei Rädern und auf vier Rollen

Der Boom der Skates hält an, und eine Radtour ist Pflicht in den Niederlanden. Aber auch Segler, Surfer und Kanuten finden ideale Bedingungen

RADFAHREN

Eine Tour mit dem Fahrrad ist in diesem topfebenen Land ein ganz besonderes Vergnügen. Möglich macht dies ein vorbildliches Netz von Radwegen *(fietspaden)*, das über fast 20 000 km in alle Richtungen quer durchs Land führt. Leihräder können Sie in praktisch jeder Ortschaft für ungefähr 7 Euro pro Tag mieten.

INLINESKATEN

Empfehlenswert ist auch eine Tour mit Inlineskates. Die Schuhe mit den vier Rädern finden reißenden Absatz, denn skaten kann man hier fast ebenso gut wie Rad fahren. Der Boom (und auch die vielen Knochenbrüche) haben zur Folge, dass viele Schulen Rollerskateunterricht anbieten. Die Radwege dürfen auch mit den Rollerblades benutzt werden – sofern man die Bremstechnik voll und ganz beherrscht! In praktisch allen Landesteilen trifft man sich einmal in der Woche zu einer gemeinsamen Tour. Die wohl be-

20 000 km Radwege – besonders schön: auf den Westfriesischen Inseln

rühmteste ist der *Friday Night Skate* in Amsterdam *(Treffpunkt beim Filmmuseum im Vondelpark um 20 Uhr)*, wo jeweils Tausende in einer langen, bunten Schleife durch die ganze Stadt fahren. Bei den meisten VVV-Büros bekommen Sie detaillierte Skateinfos mit Tourenvorschlägen. Fast überall gibt es inzwischen Sprungrampen und vielerorts – etwa in Eindhoven – komplette Skateparks.

WASSERSPORT

Natürlich ist das Land auch prädestiniert für den Wassersport. Wer in größeren Städten keine geführte Rundfahrt mit dem Boot machen möchte, kann auch ein Tretboot mieten. Rund ums IJsselmeer, in Friesland, entlang der Nordseeküste in Zeeland oder auf den zahlreichen *meeren* (Seen) können Sie Kanus, Ruderboote, Surfbretter sowie Segel- und Motorboote ausleihen. Die Preise variieren je nach Gegend. Eine Jolle auf den Loosdrechterplassen bei Utrecht kostet rund 70 Euro pro Tag. Informationen bei den regionalen VVV-Büros und im Internet unter *www.water sport.nl* und *www.zeilgenieters.nl*.

Holland in Klein für die Kleinen

Kinderbauernhöfe mit Tieren, Wasser- und Vergnügungsparks, dazu ein paar schöne Zoos – Kinder sind in den Niederlanden kleine Könige

Der niederländische Nachwuchs darf seine Eltern (fast) überallhin begleiten. Und kaum jemand stört sich daran, wenn die Kinder die Konversation zwischen den Erwachsenen andauernd unterbrechen. Diese Kinderfreundlichkeit hat zur Folge, dass es in vielen Orten eine *kinderboerderij* gibt, einen Kinderbauernhof mit vielen Tieren zum Anfassen. Zahlreiche Museen besitzen eine Kinderabteilung, und in den letzten Jahren sind Vergnügungsparks mit Achterbahn und Riesenrad aus dem Boden geschossen. Einen Überblick über die Angebote finden Sie im Internet unter *www.startforkids.nl.*

Insider Tipp

RANDSTAD

Avifauna **[118 B4]**
Im einzigen Vogelpark der Niederlande in Alphen aan de Rijn bei Leiden zirpen und zwitschern etwa 3000 Vögel: 450 Arten aus allen Kontinenten, vom Zug- bis zum Singvogel. Mutige können während der Raubvogelshow einen Falken auf ihrem ausgestreckten Arm lan-

Der Tierpark in Emmen ist ein Highlight (nicht nur) für Kinder

den lassen. Im Park gibt es auch eine 30 m hohe Rutschbahn. Und wer müde ist, kann sich auf einer 75-minütigen Rundfahrt über den Braassemersee ausruhen. *Tgl. 9–18 Uhr, 9,50 Euro, 3–12 Jahre 8 Euro, unter 3 Jahren frei, Bootsfahrt 5,50 Euro, Hoorn 65, www.avifauna.nl*

Blijdorp **[118 A–B5]**
In diesem Zoo in Rotterdam leben die Tiere in einem ihrem natürlichen Umfeld nachempfundenen Biotop. Es gibt u. a. einen Urwald, wo Sie Gibbons ihre spitzen Schreie ausstoßen hören, und die Rivierahalle mit vielen exotischen Pflanzen, Terrarien und Aquarien. *Tgl. 9 bis 18, im Winter 9–17 Uhr, 14 Euro, 3–11 Jahre 11 Euro, unter 3 Jahren gratis, www.rotterdamzoo. nl, Van Aerssenlaan 49*

Duinrell **[118 A4]**
Dieser Wasserattraktionspark für die ganze Familie befindet sich im Wald- und Dünengebiet bei Wassenaar, rund 10 km nördlich von Den Haag. Spaß macht auch das tropische Tikibad, ein überdachter Wasserpark mit spektakulären Rutschbahnen, Wasserballetten und einem Wellenbad. *April–Okt. tgl. 10–17,*

Tikibad bis 22 Uhr, 15,50 Euro, unter 4 Jahren gratis, www.duinrell.nl

Linnaeushof Bennebroek [118 B3]
In diesem riesigen Spielpark wenige Kilometer südlich von Haarlem warten 350 Geräte und Attraktionen auf die Kleinen, vom Trampolin bis zur Wasserschaukel und vom Gokart bis zum Sandkasten. *April bis Sept. tgl. 10–18 Uhr, 7 Euro, unter 2 Jahren gratis, Rijksstraatweg 4, www.linnaeushof.nl*

Madurodam [118 A4]
★ Deiche, Windmühlen, den Königlichen Palast in Amsterdam und all die anderen Gebäude, für die die Niederlande berühmt sind, finden Sie hier in Den Haag in diesem Miniholland im Maßstab 1:25 nachgebaut. Zwischen den Häusern fahren kleine Züge, auf den Kanälen verkehren Minilastkähne und -rundfahrtboote. Holland en miniature ist auch am Abend sehenswert. ==Dann wird das ganze Gelände nämlich mit 50 000 Lampen beleuchtet.== *Mitte März–Juni tgl. 9–20, Juli/ Aug. 9–22, Sept.–Mitte März 9 bis 18 Uhr, 11 Euro, 4–11 Jahre 8 Euro, unter 4 Jahren gratis, Haringkade 175, www.madurodam.nl*

Insider Tipp

FRIESLAND UND DER NORDEN

Noorder Dierenpark [117 E6]
★ Der Tierpark in Emmen ist einer der schönsten Zoos in ganz Europa, weil man versucht hat, den Tieren eine möglichst authentische Umgebung zu bieten. Zu den großen Attraktionen gehört das *Biochron,* ein tropischer Schmetterlingspark mit 1500 Faltern. *März–Mai und Okt. tgl. 10–17, Juni–Aug. 10–18 Uhr, Sept. 10–17.30, Nov.–Feb. 10 bis 16.30 Uhr, 16 Euro, 3–9 Jahre 13,40 Euro, unter 3 Jahren frei, Hoofdstraat 18, www.noorderdierenpark.nl*

DER OSTEN

Apenheul [120 B5]
Im Waldreservat Berg en Bos in Apeldoorn leben fast 400 Affen. Es

In der Miniaturstadt Madurodam ist Holland auf Kindergröße verkleinert

sind größtenteils zahme Tiere, die den Spaziergängern ohne weiteres auf Schoß oder Rücken klettern. Im *Insider Tipp* *aaituin* (Streichelgarten) dürfen Kaninchen, Meerschweinchen oder Hühner angefasst werden. Eine besondere Attraktion ist die *Dajak Farm,* ein tropischer Kinderbauernhof mit Hängebauchschweinen und Zwergbuckelrindern. *April/Mai und Sept./Okt. tgl. 9.30–17, Juni–Aug. 9.30–18 Uhr, 13 Euro, 3–9 Jahre 9,20 Euro, unter 3 Jahren frei, J. C. Wilslaan 21, www.apenheul.nl*

Burgers' Zoo [120 B5]

Familienbetrieb in Arnhem mit Savanne, Raubtierpark und tropischem Regenwald. Auf einem Spaziergang durch den Kunstdschungel sieht man Kaimane, Schlangen oder Leguane. *Sommer tgl. 9–19 Uhr (einzelne Abteilungen nur bis 17 Uhr), Winter 9 Uhr–Sonnenuntergang, 14,50 Euro, 4–9 Jahre 12,50 Euro, unter 4 Jahren gratis, Schelmseweg 85, www.burgers zoo.nl*

Dolfinarium Harderwijk [119 F3]

25 km nordöstlich von Amersfoort finden Sie Europas größten Meerestierpark mit Delphinen sowie Seehunden, Seelöwen und anderen Tieren. Unterwasserpanorama und Unterwasserrestaurant. *Mitte Feb. bis Okt. tgl. 10–18, Nov.–Anfang Jan. Sa/So 10–18 Uhr, 19,25 (Juli/Aug. 20,25) Euro, unter 3 Jahren frei, Strandboulevard Oost 1, www. dolfinarium.nl*

DER SÜDEN

Autotron Rosmalen [124 C3]

In diesem Automuseum wenige Kilometer östlich von 's-Hertogen-bosch schlägt das Herz jedes Kindes höher: Die Kids dürfen nämlich, sobald sie die interne Führerscheinprüfung absolviert haben, selbst hinters Steuer der Oldtimer. *Mai Sa/So 10–17, Juni–Aug. tgl. 10–17 Uhr, 6 Euro, unter 4 Jahren gratis, Graafsebaan 133, www.autotron.nl*

Sprookjesbos Valkenburg [126 B5]

Figuren aus insgesamt 17 Märchen können in diesem Park über den Grotten bewundert werden. Daneben gibt es zwei große Spielplätze und eine Wildwasserbahn. *Mo–Sa 10–17, So und Juli/Aug. 10–18 Uhr, 7 Euro, unter 2 Jahren frei, Sibbergrubbe 2 a, www.sprookjesbos.nl*

DER SÜDWESTEN

De Efteling [124 B4]

★ Rumpelstilzchen, Däumling und die sieben Zwerge heißen Sie in diesem Märchen- und Freizeitparadies für Jung und Alt willkommen. Auch die großen Achterbahnen sind sehr beliebt. Der älteste Vergnügungspark des Landes befindet sich 20 km nordöstlich von Breda bei Kaatsheuvel. *Tgl. 10–18, Mitte Juli–Aug. Sa 10–24 Uhr, 22 Euro, unter 3 Jahren gratis, Europalaan 1, www.efte ling.nl*

Miniatuur Walcheren [122 B4]

Die Insel Walcheren wurde in Middelburg im Maßstab 1:20 nachgebaut. Zum tollen Park mit hohen Bäumen gehört neben einem Restaurant auch ein Kinderspielplatz mit verschiedenen Attraktionen. *April–Juni und Sept./Okt. tgl. 10–18, Juli/Aug. 10–19 Uhr, 8 Euro, 2–12 Jahre 6 Euro, unter 2 Jahren gratis, Molenwater, www.mini atuurwalcheren.nl*

Angesagt!

Was Sie wissen sollten über Trends, die Szene und Kuriositäten in den Niederlanden

Tanz- und andere Partys

Rotterdam und Amsterdam kann man sich nur schwer ohne ihre typischen *dance-scenes* vorstellen. Regelmäßig steigen an den Wochenenden Partys und Afterpartys – die coolsten werden oft nur mit einfachen Flyern in den Szenecafés angekündigt. Meistens trifft man sich vorher auf ein Glas in einer Kneipe, um später gemeinsam den *dance-event* zu besuchen.

DJs und Rocker

Um musikalisch mithalten zu können, sollte man mindestens Kane aus Den Haag kennen, denn die Rockformation hat eine schnell wachsende Fangemeinde. Ihr zweites Studioalbum, »So Glad You Made It«, erreichte 2003 Platinstatus. Aber auch Anouk, das blonde Goldkehlchen aus der gleichen Stadt, ist immer noch

schwer angesagt. Und der Plattenaufleger DJ Tiëto wurde 2003 bereits zum zweiten Mal zum weltbesten DJ ausgerufen.

Mode und Design

Das Modedesignerduo Victor & Rolf aus Amsterdam hat sich in kurzer Zeit auch international einen Namen gemacht. Ihre Entwürfe sind kleine Kunstwerke, die für Lässigkeit stehen und bequem zu tragen sind, sei es der Gangsterlook mit schwarzer Lederjacke oder das komplette Studentenoutfit mit Cordhose und Schal. Die beiden Brillenträger mit Avantgardeimage stürzen sich für ihre spektakulären Shows jeweils in bunt schillernden Partnerlook. Furore machten auch ihre Puppenkleiderkollektion, die Kleiderausstellung im Pariser Louvre, ja selbst die Parfumflasche, die das Duo auf den Markt brachte – obwohl diese leer ist und sich nicht öffnen lässt ...

Piercings und Tattoos

Anderswo mögen diese Hautverzierungen schon längst wieder out sein, doch da scheren sich die jungen Niederländerinnen und Niederländer keinen Deut drum: In den Piercingstudios herrscht noch immer Hochkonjunktur. Kaum eine junge Nase, kaum eine Teenagerlippe ohne Silberkugel oder Diamäntchen.

Von Anreise bis Zoll

Hier finden Sie kurz gefasst die wichtigsten Adressen und Informationen für Ihre Reise in die Niederlande

ANREISE

Flugzeug

Es gibt täglich mehrere Linienmaschinen aus der Schweiz, Deutschland und Österreich, die auf dem internationalen Flughafen Schiphol bei Amsterdam landen. Von dort können Sie mit der Bahn weiterreisen.

Bahn

Es gibt mehrere, zum Teil direkte Verbindungen mit IC- und EC-Zügen sowie mit City-Nightline-Zügen aus vielen europäischen Städten. Zwischen Amsterdam und Köln verkehren täglich neun EC- bzw. ICE-Züge. Eine weitere Hauptstrecke ist Berlin–Osnabrück–Amsterdam. Außerdem gibt es Verbindungen über Venlo nach Eindhoven sowie zwischen Aachen und Maastricht. Die Fahrzeit von Köln bzw. Osnabrück nach Amsterdam beträgt etwa drei Stunden.

In den niederländischen Zügen können Sie Ihr Fahrrad mitnehmen, müssen es aber selbst in den Fahrradwaggon verladen (achten Sie auf die Aufkleber an den Fenstern). Für einen ganzen Tag bezahlen Sie unabhängig von der Strecke für Ihr Rad 6 Euro. Außer im Juli und August ist die Fahrradmitnahme während der Stoßzeiten (6.30 bis 9 und 16.30–18 Uhr) nicht erlaubt.

Ein typisch niederländisches Mittel zur Personenbeförderung ab den Bahnhöfen ist das *treintaxi*, eine Art Sammeltaxi, das Sie mit anderen Fahrgästen teilen. Der Einheitstarif beträgt 3,80 Euro pro Person. *Treintaxis* gibt es auf mehr als 100 Bahnhöfen.

Auto

Wenn Sie aus dem Süden kommen, gelangen Sie über Aachen nach Maastricht. Weitere Autobahnverbindungen führen via Duisburg nach Venlo sowie via Oberhausen und Emmerich nach Arnhem. Aus Nord- und Nordostdeutschland fahren Sie entweder über Osnabrück nach Hengelo oder über Leer nach Groningen.

AUSKUNFT VOR DER REISE

Niederländisches Büro für Tourismus (NBT)

Postfach 27 05 80, 50511 Köln, Tel. 01805/34 33 22, Fax 34 33 20 (D), 0800/88 05 80 (CH), 0800/ 88 85 80 (A), Fax 01805/43 33 20, www.niederlande.de

AUSKUNFT IN DEN NIEDERLANDEN

In den Niederlanden gibt es rund 350 Fremdenverkehrsbüros, die Sie entweder in der Nähe des Bahnhofs oder am größten Platz des Ortes finden. Halten Sie Ausschau nach einem Schild mit drei weißen V auf blauem Hintergrund: Die Touristenbüros heißen in Holland VVV (sprich »FehFehFeh«). Die Büros sind meist Mo–Fr von 9 bis 17, Sa von 9 bis 13 oder 16 Uhr geöffnet, in den touristischen Zentren in der Hochsaison auch am Sonntag.

AUTO

Auf der Autobahn *(snelweg)* gilt eine Höchstgeschwindigkeit von 120 km/h, auf Schnellstraßen *(autoweg)* sind 100 km/h, auf Landstraßen *(provinciale weg)* 80 km/h, innerhalb von Ortschaften 50 km/h, zum Teil nur 30 km/h erlaubt. Die Promillegrenze liegt bei 0,5. Bleifreies Benzin heißt *loodvrij* und ist teurer als in Deutschland.

Wenn Sie auf der Autobahn eine Panne haben, können Sie über *Tel. 0800/08 88* oder über eine Notrufsäule Hilfe anfordern. Informationen über Staus und andere Verkehrsbehinderungen gibt es unter *Tel. 0900/96 22.*

Parken ist teuer: Während eine Stunde in der Provinz 1 bis 2 Euro kostet, bezahlen Sie in Amsterdam 3 Euro. Ist Ihr Wagen verkehrswidrig geparkt oder der Parkschein abgelaufen, bekommen Sie einen Strafzettel. In Amsterdam wird erbarmungslos eine gelbe Radklemme an Ihr Auto geschraubt. Die Beseitigung der Klemme kostet 65 Euro, nach 24 Stunden wird das Fahrzeug abgeschleppt (215 Euro).

BAHN

Das Netz der Nederlandse Spoorwegen (NS) ist eines der dichtesten in Europa. Intercity- und Schnellzüge *(sneltreins)* befahren die Hauptstrecken im Halbstundentakt. Nahverkehrs- und Regionalzüge *(stoptreins)* halten praktisch an jedem Bahnhof.

Eine Rückfahrkarte ist günstiger als zwei Einzelfahrten – aber immer nur einen Tag gültig! Ausnahmen hiervon sind Zugfahrten am Wochenende mit dem *Weekendretour*-Ticket, das von Freitagabend 19 Uhr bis Montagmorgen 4 Uhr gültig ist. Die *Tageskarte* ohne Kilometerbeschränkung kostet in der ersten Klasse 59,40, in der zweiten Klasse 37,10 Euro. Daneben gibt es de *Eurodominopass,* der an drei bis acht frei wählbaren Tagen innerhalb eines Monats gültig ist. Drei Tage kosten 54 Euro, jeder weitere Tag 15 Euro. Der Pass muss jedoch außerhalb der Niederlande gekauft werden.

Bei über 100 niederländischen Bahnhöfen können Sie für ca. 5,40 bis 7,30 Euro pro Tag bzw. 22 Euro pro Woche ein Fahrrad mieten (Kaution 30–145 Euro, Ausweis!). Auskunft und Reservierungen: *Tel. 0900/92 92, www.ns.nl*

BANKEN

Fast alle Banken sind Mo–Fr von 10 bis 17 Uhr geöffnet. Geldautomaten finden Sie in jedem noch so kleinen Ort.

CAMPING

Campingplätze sind in den letzten Jahren wie Pilze aus dem Boden geschossen. Auf dem Land bieten aber auch zahlreiche Bauern ein Stück Land an, auf dem man sein Zelt aufstellen darf. Erkundigen Sie sich bei den VVV-Büros, oder fordern Sie beim Niederländischen Tourismusbüro dessen ausführliche Broschüre an.

DIPLOMATISCHE VERTRETUNGEN

Deutsches Konsulat
De Lairessestraat 172, Amsterdam, Tel. 020/673 62 45

Österreichische Botschaft
Van Alkemadelaan 342, Den Haag, Tel. 070/324 54 70

Schweizerische Botschaft
Lange Voorhout 42, Den Haag, Tel. 070/364 28 31

EINREISE

Für EU-Bürger genügt der Personalausweis (Schweizer: Identitätskarte), eine Grenzkontrolle findet bei Einreise aus Deutschland, Österreich und Belgien jedoch normalerweise nicht mehr statt.

GESUNDHEIT

Apotheken sind meist Mo–Fr von 8 oder 9 bis 17.30 oder 18 Uhr geöffnet. Außerhalb dieser Öffnungszeiten gibt es immer eine Notapotheke. Erste Hilfe leisten die Notfallstationen *(eerste hulp)* der Krankenhäuser.

Das Honorar für den Arzt *(dokter, arts)* müssen Sie entweder vorstrecken und die Rechnung der heimischen Krankenkasse später zur (meist problemlosen) Erstattung vorlegen, oder Sie besorgen sich vor der Reise bei Ihrer Versicherung einen Auslandskrankenschein (Formular E 111).

INTERNET

Das Internet ist in den Niederlanden sehr weit verbreitet. Mittlerweile wird nicht nur am Arbeitsplatz gesurft und gechattet, sondern immer mehr auch zu Hause. Entsprechend häufig sind Organisationen und Firmen mit einer eigenen, oft mehrsprachigen Website im Internet vertreten.

www.ilse.nl heißt die beliebteste niederländische Suchmaschine. Das Königshaus finden Sie unter *www. koninklijkhuis.nl.* Für einen Überblick über die unterschiedlichsten Presseerzeugnisse empfiehlt sich die Seite *www.villamedia.nl,* die Regierung finden Sie unter *www.over heid.nl.* Informationen zu den berühmten holländischen Holzschuhen gibts auf *www.klompen.nl,* und wenn Sie wissen möchten, was in der linken Aktivistenszene läuft, surfen Sie auf *www.sociamedia.nl/ agenda.* Touristische Informationen

Was kostet wie viel?

Snack	**um 2 Euro** für ein *broodje kaas*
Kaffee	**um 1,80 Euro** für eine Tasse Kaffee
Imbiss	**um 1,50 Euro** für Pommes mit Mayo
Bier	**um 2 Euro** für ein kleines Glas Bier
Benzin	**um 1,25 Euro** für einen Liter Super
Eis	**um 1,50 Euro** für ein Hörnchen mit Softeis

www.marcopolo.de

Im Internet auf Reisen gehen

Mit über 10 000 Tipps zu den beliebtesten Reisezielen ist MARCO POLO auch im Internet vertreten. Sie wollen nach Paris, auf die Kanaren oder ins australische Outback? Per Mausklick erfahren Sie unter www.marcopolo.de Wissenswertes über Ihr Reiseziel. Zusätzlich zu den Informationen aus den Reiseführern bieten wir Ihnen online:

- das *Reise Journal* mit aktuellen News, Artikeln, Reportagen
- den *Reise Service* mit Routenplaner, Währungsrechner und Compact Guides
- den *Reise Markt* mit Angeboten unserer Partner rund um das Thema Urlaub

Es lohnt sich vorbeizuschauen: Wöchentlich aktualisiert, gibt es immer wieder Neues zu entdecken. Bleiben Sie auf dem Laufenden mit unserem E-Mail-Newsletter, den Sie kostenlos abonnieren können!

---

finden Sie auf *www.niederlande.de*, der Website des NBT.

INTERNETCAFÉS

Cyberkneipen sind in den letzten Jahren überall aus dem Boden geschossen. Selbst in den meisten Bibliotheken kann man mittlerweile für ein paar Cent surfen. Eines der größten Internetcafés, *Easy Everything* in Amsterdam *(Reguliersbreestraat 22, www.easyeverything. com)* stellt 800 PCs auf zwei Stockwerken zur Verfügung und ist 24 Stunden geöffnet. Eine weitere Internetkneipe in Amsterdam ist das *Cyberc@fé (Nieuwendijk 19, cyber @cybercafé.euronet.nl)*. In Den Haag finden Sie Anschlüsse im *Café 2005 Netsh@ock (Denneweg 7, ca fé@2005.bart.nl)* oder im *Internetcafé Den Haag (Elendstraat 48, hp@internetcafe-dh.demon.nl)*. In Zandvoort gibt es das *BeachNet (Haltestraat 61, barts@beachnet.nl)* und in Rotterdam das *Café Unie (Mauritsweg 34, webcafé@xs4all. nl)* sowie das *Time2Surf (Stadhuisplein 32, www.time2surf.nl)*.

JUGENDHERBERGEN

Im ganzen Land gibt es 30 Jugendherbergen, die sich Stayokay nennen. Eine Liste mit den Adressen finden Sie auf *www.stayokay.com, Tel. 010/264 60 64*.

MIETWAGEN

Auf den Flughäfen, in großen Städten sowie vielen Urlaubszentren finden Sie die bekannten Autoverleiher. Je nach Größe kostet ein Mietwagen pro Tag zwischen 20 und 125 Euro. Angebote für Mietwagen finden Sie unter *www.marcopolo.de*.

MUSEUMJAARKAART

Wenn Sie oft ins Museum gehen, lohnt sich die Museumjahreskarte, die Sie in den VVV-Büros oder in den Museen kaufen können. Die Karte, mit der Sie freien Eintritt in 400 Museen haben, kostet 25 Euro und ist ein ganzes Kalenderjahr gültig. Sie benötigen dafür ein Passfoto. *www.museumjaarkaart.nl*

NOTRUF

Die allgemeine Notrufnummer ist *112*.

ÖFFENTLICHE VERKEHRSMITTEL

Für Straßenbahnen, Busse und Metros gibt es im ganzen Land eine einheitliche *strippenkaart* (Streifenkarte). Während in den Bussen der Fahrer die Karte entwertet, müssen Sie das in Metros und Straßenbahnnen meistens selbst tun. Zwei Streifen *(strippen)* entsprechen einer Zone. Wie viele Zonen Sie brauchen, können Sie auf dem bei der Haltestelle aushängenden Stadtplan nachschauen. Eine kleine oder große *strippenkaart* können Sie auf Bahnhöfen und Postämtern, in Kiosken und den VVV-Büros kaufen.

ÖFFNUNGSZEITEN

Die meisten Geschäfte sind Mo–Fr von 9 bis 18 Uhr (Supermärkte bis 20 Uhr) und Sa von 9 bis 17 Uhr geöffnet. In größeren Städten und in touristischen Gebieten gibt es so genannte *avondwinkels* (Nachtläden), die bis Mitternacht oder länger geöffnet sind. Donnerstag oder Freitag ist im ganzen Land bis 21 Uhr Abendverkauf *(koopavond)*. In Touristenorten sind die Geschäfte auch am Sonntag von 12 bis 18 Uhr geöffnet, im übrigen Land an zwölf Sonntagen im Jahr.

POST

Die meisten Postämter sind Mo–Fr von 8.30 oder 9 bis 17 oder 18 Uhr, Sa von 8.30 oder 9 bis 12 oder 13.30 Uhr geöffnet. Das Porto für Postkarten oder Briefe (bis 20 g) in die EU und die Schweiz beträgt 59 Cent.

PREISE & WÄHRUNG

Ein kleines Bier in der Kneipe kostet meist 2 Euro, denselben Preis zahlen Sie für ein einfaches *broodje kaas* (Käsebrötchen). Eine Kinokarte liegt meist bei 8 Euro, das Päckchen Zigaretten kostet 3,80 Euro, ein Bett in der Jugendherberge etwa 18 Euro. Benzin ist teurer als in den deutschsprachigen Ländern. Kreditkarten und die ec-Karte sind weit verbreitet.

REISEZEIT

Die Monate Mai bis September sind die angenehmsten zum Reisen. Dann ist es auch in den Niederlanden wärmer, wobei das Thermometer 25 Grad nur selten übersteigt. Vor allem in den Küstenregionen weht immer ein leichter Wind.

TELEFON & HANDY

Münztelefone werden auch in den Niederlanden immer seltener. Auf den Bahnhöfen brauchen Sie eine Telefonkarte der Gesellschaft Telfort, die Sie am Schalter oder am

Kiosk kaufen können. Für alle anderen öffentlichen Telefone benötigen Sie eine KPN-Telefonkarte, die es in Tabakgeschäften und auf der Post gibt.

Vorwahlen: Deutschland *0049*, Österreich *0043*, Schweiz *0041*, Niederlande *0031*. Telefonate, die vom Hotel aus geführt werden, sind immer teurer.

Was das Handy betrifft, so gibt es in den Niederlanden fünf Gesellschaften, die sich einen heftigen Konkurrenzkampf liefern. Das hat zur Folge, dass sich die Preise wenn nicht monatlich, so doch zumindest vierteljährlich ändern. Wie hoch der Aufpreis pro Minute ist, den Sie bezahlen, wenn Sie mit Ihrem Handy in den Niederlanden unterwegs sind, können Sie bei Ihrer Mobilfunkgesellschaft in Erfahrung bringen. Wenn Sie sich in die niederländischen Tarife vertiefen möchten, finden Sie sämtliche Angaben auf der Website *www.bellen.com*.

TRINKGELD

Trinkgeld ist überall inbegriffen. Trotzdem ist es üblich, im Restaurant, im Taxi oder beim Friseur ein Trinkgeld von etwa fünf bis zehn Prozent des Preises zu geben. Die in vielen Restaurants übliche Toilettenfrau erwartet ca. 25 Cent.

ZOLL

Innerhalb der EU dürfen Waren zum persönlichen Gebrauch frei ein- und ausgeführt werden (u. a. 800 Zigaretten, 90 l Wein, 10 l Spirituosen). Für Schweizer gelten wesentlich geringere Freimengen, u. a. 200 Zigaretten, 1 l Spirituosen.

Wetter in Amsterdam

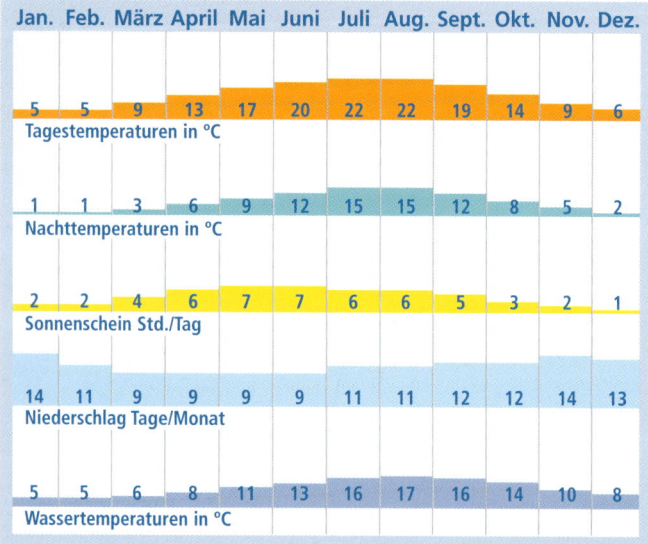

	Jan.	Feb.	März	April	Mai	Juni	Juli	Aug.	Sept.	Okt.	Nov.	Dez.
Tagestemperaturen in °C	5	5	9	13	17	20	22	22	19	14	9	6
Nachttemperaturen in °C	1	1	3	6	9	12	15	15	12	8	5	2
Sonnenschein Std./Tag	2	2	4	6	7	7	6	6	5	3	2	1
Niederschlag Tage/Monat	14	11	9	9	9	9	11	11	12	12	14	13
Wassertemperaturen in °C	5	5	6	8	11	13	16	17	16	14	10	8

Spreek jij Nederlands?

»Sprichst du Niederländisch?«
Dieser Sprachführer hilft Ihnen, die wichtigsten
Wörter und Sätze auf Niederländisch zu sagen

Zur Erleichterung der Aussprache sind alle niederländischen Wörter mit einer einfachen Aussprache (in eckigen Klammern) versehen.

AUF EINEN BLICK

Ja./Nein.	Ja. [jaa]/Nee. [nee]
Vielleicht.	Misschien. [mischien]
Bitte.	*(Sie)* Alstublieft. [alstüblieft]
	(du) Alsjeblieft. [alsjeblieft]
Vielen Dank!	Dank u wel. [dank ü wel]
Gern geschehen.	Graag gedaan. [chraach chedaan]
Entschuldigung!	Neemt u mij niet kwalijk.
	[neemt ü mei niet kwalück]
Wie bitte?	Wat zegt u? [wat zecht ü]
Ich verstehe Sie/dich nicht.	Ik begrijp u/je niet.
	[ik begreip ü/je niet]
Ich spreche nur wenig …	Ik spreek alleen maar 'n beetje …
	[ik spreek alleen maar n beetje …]
Können Sie mir bitte helfen?	Kunt u mij alstublieft helpen?
	[künt ü mei alstüblieft helpen]
Ich möchte …	Ik wil …/Ik zou graag …
	[ik wil …/ik sau chraach …]
Wie viel kostet es?	Hoe duur is het?/Hoeveel kost het?
	[hu dühr is hett/hufeel kost hett]
Wie viel Uhr ist es?	Hoe laat is het? [hu laat is hett]

KENNENLERNEN

Guten Morgen!	Goedemorgen! [chujemorchen]
Guten Tag!	Dag!/Goedendag! [dach/chujedach]
Hallo! Grüß dich!	Hallo!/Dag! [halloo/dach]
Mein Name ist …	Mijn naam is … [mein naam is]
Wie ist Ihr Name, bitte?	Wat is uw naam? [wat is üw naam]
Wie heißt du?	Hoe heet je? [hu heet je]
Wie geht es Ihnen/dir?	Hoe gaat het met u/jou?
	[hu chaht hett mett ü/jau]

Danke, gut. Und Ihnen/dir? Prima. En met u/jou?
[primaa en mett ü/jau]

Auf Wiedersehen! Tot ziens! [tot siens]

Auskunft

links/rechts links/rechts [links/rechs]
geradeaus rechtdoor [rechdoor]
nah/weit dichtbij/ver [dichbei/ver]
Bitte, wo ist …? Waar is …? [waar is]
  … der Hauptbahnhof … het centraal station
  [het sentraalstaaschon]
  … der Flughafen … de luchthaven/het vliegveld
  [de lüchthaafen/hett vliechvelt]
Wie weit ist das? Hoe ver is dat? [Hu ver is dat]
Ich möchte … mieten. Ik ben van plan … te huren.
[Ik benn vann plann … te hüren]

  … ein Auto … … een auto … ['n auto]
  … ein Fahrrad … … een fiets … ['n fiets]

Panne

Ich habe eine Panne. Ik heb pech. [ik heb pech]
Würden Sie mir bitte einen Wilt u mij alstublieft de sleepdienst/
Abschleppwagen schicken? takeldienst sturen? [wilt ü mei alstüblieft
de sleepdienst/taakldienst stüren]
Wo ist hier in der Nähe Waar is hier in de buurt een garage?
eine Werkstatt? [waar is hier in de bürt en graasche]

Tankstelle

Wo ist bitte die nächste Waar is het dichtsbijzijnde
Tankstelle? pompstation? [waar is hett dichsbeiseinde
pompstaaschon]
Ich möchte … Liter … Ik wil graag … liter …
[ik wil chraach … lietr]
  … Normalbenzin. … gewone benzine. [chewohne bensiene]
  … Super./Diesel. … super./diesel. [süper/diesl]

Unfall

Hilfe! Help! [helüpp]
Achtung! Let op!/Pas op! [lett op/pas op]
Rufen Sie bitte schnell … Belt u direct … [belt ü dierekt]
  … einen Krankenwagen. … een ziekenwagen. [n siekewaachn]
  … die Polizei. … de politie. [de poolietsie]
  … die Feuerwehr. … de brandweer. [de branntwehr]
Es war meine/Ihre Schuld. Het was mijn/uw schuld.
[hett was mein/üw schült]

Geben Sie mir bitte Ihren Namen und Ihre Anschrift.

Geeft U mij alstublieft uw naam en uw adres. [cheeft ü mei alstüblieft üw naam en üw adress]

ESSEN/UNTERHALTUNG

Wo gibt es hier …
Waar is hier … [waar is hier …]

… ein gutes …
… een goed … [en chut]

… ein nicht zu teures …
… een niet te duur … [en niet te dühr]

… Restaurant?
… restaurant? [restoorant]

Gibt es hier eine gemütliche Kneipe?
Is er hier een gezellig kroegje? [is er hier en chesellich kruchje]

Reservieren Sie uns bitte für heute Abend einen Tisch für vier Personen.
Wilt u (voor ons) voor vanavond een tafel voor vier personen reserveren? [wilt ü (fohr ons) fohr fanafont en taafl fohr fier persoonen reeserfeern]

Die Speisekarte, bitte!
De kaart, graag! [de kaart chraach]

Ich nehme …
Ik neem … [ik neem]

Bitte ein Glas …
Een glas …, alstublieft. [en chlas … alstüblift]

Auf Ihr Wohl!
Proost!/Op uw gezondheid! [proost/op ü chesontheit]

Die Rechnung, bitte.
De rekening, alstublieft. [de reekening, alstüblieft]

Es stimmt so.
Zo is het in orde. [soo iset in orrde]

Wo sind bitte die Toiletten?
Waar is het toilet? [waar is hett twalett?]

EINKAUFEN

Wo finde ich …?
Waar vind ik …? [waar fint ik]

… eine Apotheke?
… een apotheek? [en aapooteek]

… eine Bäckerei?
… een bakkerij? [en bakkerei]

… Fotoartikel?
… fotoartikelen? [footoo-artiklen]

… ein Kaufhaus?
… een warenhuis? [en wahrenheus]

… ein Lebensmittelgeschäft?
… een kruidenier? [en kreudenier]

… einen Markt?
… een markt? [en marückt]

Haben Sie …?
Heeft u …? [heeft ü]

ÜBERNACHTUNG

Können Sie mir bitte … empfehlen?
Kunt u mij … aanbevelen? [künt ü mei … aanbefeelen]

… ein gutes Hotel …
… een goed hotel… [en chut hootel]

… eine Pension …
… een pension … [en penschon]

Haben Sie noch Zimmer frei?
Heeft u nog kamers vrij? [heeft ü noch kaamrs frei]

ein Einzelzimmer	een eenpersoonskamer
	[en eenpersoonskaamr]
ein Doppelzimmer	een tweepersoonskamer
	[en tweepersoonskaamr]
mit Dusche/Bad	met douche/bad [met dusch/batt]
für eine Nacht	voor een nacht [voor een nacht]
für eine Woche	voor een week [voor een week]
Was kostet das Zimmer	Hoeveel kost logies met …
mit …	[huveel kost looschies met]
… Frühstück?	… ontbijt? [onntbeit]
… Halbpension?	… halfpension? [halfpenschoon]

PRAKTISCHE INFORMATIONEN

Arzt

Können Sie mir einen guten Arzt empfehlen?	Kunt u mij een goede dokter/arts aanbevelen? [künnt ü mei en chuje doktr/arrts aanbeveelen]
Ich habe hier Schmerzen.	Ik heb hier pijn. [ik hep hier pein]
Ich habe Fieber.	Ik heb koorts. [ik hep koorts]

Post

Was kostet …	Hoeveel kost [huveel kost] …
… ein Brief …	… een brief … [en brief]
… eine Postkarte …	… een briefkaart … [en briefkaart]
… nach Deutschland?	… naar Duitsland? [naar döitslant]
Eine Briefmarke, bitte.	Een postzegel, alstublieft.
	[en posseechel alstüblieft]

ZAHLEN

0	nul [nül]	16	zestien [sestien]	90	negentig
1	één [een]	17	zeventien		[neechentich]
2	twee [tweh]		[seefentien]	100	honderd
3	drie [drie]	18	achttien [achtien]		[hondert]
4	vier [vier]	19	negentien	200	tweehonderd
5	vijf [feif]		[neechentien]		[twehhondert]
6	zes [ses]	20	twintig [twintich]	1000	duizend
7	zeven [seefen]	21	één-en-twintig		[deusent]
8	acht [acht]		[een en twintich]	10000	tienduizend
9	negen [neechen]	30	dertig [dertich]		[tiendeusent]
10	tien [tien]	40	veertig [veertich]	1/2	een half
11	elf [ellüff]	50	vijftig [feiftich]		[ünn half]
12	twaalf [twaalüff]	60	zestig [sestich]	1/4	een vierde,
13	dertien [dertien]	70	zeventig		een kwart
14	veertien [veertien]		[seefentich]		[ünn vierde,
15	vijftien [feiftien]	80	tachtig [tachtich]		ünn kwart]

Reiseatlas Niederlande

Die Seiteneinteilung für den Reiseatlas finden Sie auf dem hinteren Umschlag dieses Reiseführers

Mit freundlicher Unterstützung von

kein urlaub ohne
holiday
autos

www.holidayautos.com

total relaxed in den urlaub: einsteiger-übung

1. lehnen sie sich entspannt zurück und gleiten sie in gedanken zu den cleveren angeboten von holiday autos. stellen sie sich vor, als weltgrösster vermittler von ferienmietwagen bietet ihnen holiday autos

   - mietwagen in über 80 urlaubsländern
   - zu äusserst attraktiven preisen

2. vergessen sie jetzt die üblichen zuschläge und überraschungen. dank

   - alles inklusive tarife
   - wegfall der selbstbeteiligung
   - und min. 1,5 mio € haftpflichtdeckungssumme (usa: 1,1 mio €)

   steht ihr endpreis bei holiday autos von anfang an fest.

3. nehmen sie ganz ruhig den hörer, wählen sie die telefonnummer **0180 5 17 91 91** (12cent/min), surfen sie zu **www.holidayautos.com** oder fragen sie in ihrem reisebüro nach den topangeboten von holiday autos!

kein urlaub ohne

holiday autos

Autobahn mit Anschlussstelle
Motorway with junction

Autobahn in Bau
Motorway under construction

Autobahn in Planung
Motorway projected

Raststätte mit
Übernachtungsmöglichkeit
Roadside restaurant and hotel

Raststätte ohne
Übernachtungsmöglichkeit
Roadside restaurant

Erfrischungsstelle, Kiosk
Snackbar, kiosk

Tankstelle, Autohof
Filling-station, Truckstop

Autobahnähnliche Schnell-
straße mit Anschlussstelle
Dual carriage-way with
motorway characteristics
with junction

Straße mit zwei
getrennten Fahrbahnen
Dual carriage-way

Durchgangsstraße
Thoroughfare

Wichtige Hauptstraße
Important main road

Hauptstraße
Main road

Sonstige Straße
Other road

Fernverkehrsbahn
Main line railway

Bergbahn
Mountain railway

Autotransport
per Bahn
Transport of cars
by railway

Autofähre
Car ferry

Schifffahrtslinie
Shipping route

Landschaftlich besonders
schöne Strecke
Route with
beautiful scenery

Touristenstraße
Tourist route

Straße gegen Gebühr befahrbar
Toll road

Straße für Kraftfahrzeuge
gesperrt
Road closed
to motor traffic

Zeitlich geregelter Verkehr
Temporal regulated traffic

Bedeutende Steigungen
Important gradients

Kultur
Culture

★ ★ **PARIS**
★ ★ *la Alhambra*

Eine Reise wert
Worth a journey

★ **TRENTO**
★ *Comburg*

Lohnt einen Umweg
Worth a detour

Landschaft
Landscape

★ ★ **Rodos**
★ ★ *Fingal's cave*

Eine Reise wert
Worth a journey

★ **Korab**
★ *Jaskinia raj*

Lohnt einen Umweg
Worth a detour

Besonders schöner Ausblick
Important panoramic view

Ausflüge & Touren
Excursions & tours

Nationalpark, Naturpark
National park, nature park

Sperrgebiet
Prohibited area

Bergspitze mit Höhenangabe
in Metern
Mountain summit with height
in metres

Ortshöhe
Elevation

Kirche
Church

Kirchenruine
Church ruin

Kloster
Monastery

Klosterruine
Monastery ruin

Schloss, Burg
Palace, castle

Schloss-, Burgruine
Palace ruin, castle ruin

Denkmal
Monument

Wasserfall
Waterfall

Höhle
Cave

Ruinenstätte
Ruins

Sonstiges Objekt
Other object

Jugendherberge
Youth hostel

Flugplatz
Airfield

Regionalflughafen
Regional airport

Verkehrsflughafen
Airport

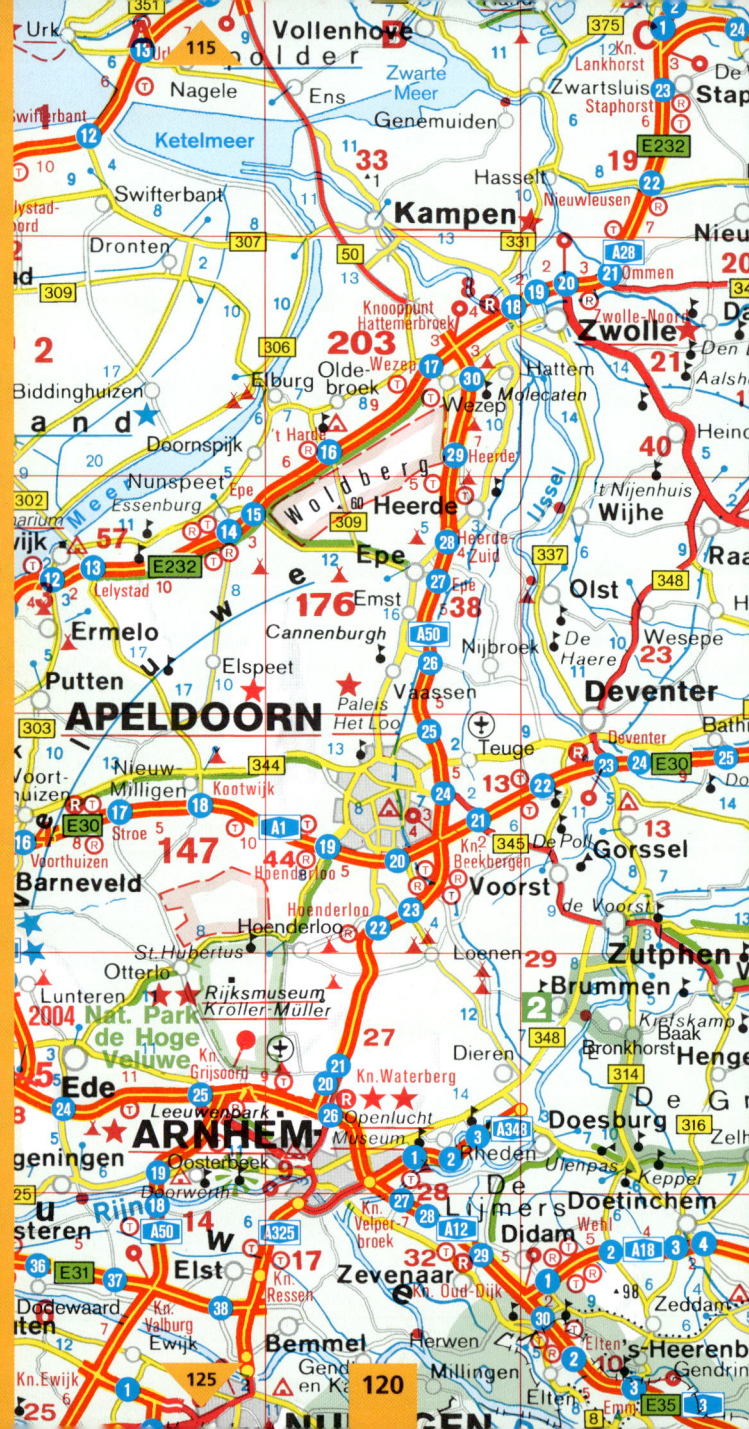

1

10 km

N O R D Z E E

2

Hoe

Haringv

Goere

Ouddorp
17

Brouwersdam

Renesse

Nieuw Haamstede
S c h o u w e n 57 **84** Zonnemaire

Serooskerke

3

Westenschouwen 18 12 59 Duivela

Nieuw

★★ Oosterscheldedam ★ Zierikzee Oos

Vrouwenpolder Zeeland-brug
255 256 Stave

★ Domburg 13 12

22 Veere Noord-Beveland Wolphaartsdijk **6**

15 57 Arne-muiden Heinkens zand

★★ **MIDDELBURG** E312 ★ **GOES** Kn de Poel

4 Ter Hooge 37 36 R A58

Koudekerke 39 38 18 9 35 **15**

16 254 6 34 33

40 Oost 15 Heinkenszand 5

★ **VLISSINGEN** Souburg Kapelle

Z u i d

Cadzand B e v e l a n d

Bad Breskens **24** Baarland

Groede Pe

5 Retranchement Hoofdplaat Westerschelde-tunnel

Oostburg 58 W e s t e r s c h e l d e **9**

13 Sluis IJzendijke 61 Hoek **12** 60

16 61

Aardenburg **31** Terneuzen

49 Waterviet 253 Axel Hulst **11**

410 456 Boekhoute 252 **13** De Klip

6 St. Laureins Assenede 17 49

Maldegem Kaprijke **26** Sas van Gent

Adegem Zelzate Stekene

44 19 Ler Eeklo Fr

122

123

D E F

Amsterdam

200m

Het IJ

IJ-Tunnel

Noord   wal

1

International Passenger
Terminal Amsterdam

Piet   Heinkade

de Ruijterkade

Centraal
Station

Stationsplein

Havenstraat

Centraal
Station

Oosterdokskade

Stedelijk
Museum

Dijksgracht

2

Damrak

Schreiers-
toren

Oosterdoksdok

New
Metropolis

Marine
Etablissement

Sint
Nicolaaskerk

kade

Amstelkring

van
rlage

Oude
Kerk

Zeedijk

Waals

Scheepvaart-
huis

Oosterdok

Prins

Hendrik-

kade

Scheepvaart-
museum

Kattenburgerstraat

3

Kattenburgergracht

Nieuwe Vaart

Hoogte

Kadijk

Eilandsgr.

ordijnen-
steeg

De Waag

Nieuwmarkt

Montel-
baans-
toren

Schans

Hendrik-

ssaud's

Koestraat

Trippen-
huis

Nieuw-
markt

Oude

Zuider-
kerk

Bimhuis

Uilenburgergracht

Kloveniersburgwal

4

Rembrandt-
huis

Holland
Experience

Mozes en
Aäronkerk

Mr. Visser-
plein

Nat.
Vakbonds-
museum

Verzets-
museum

Plantage

Planetarium

Doklaan

Entrepotdok

Valkenburgerstraat

Rapenburger-
straat

ersiteit

Stadhuis

Acad v.
Bouwkunst

Portugees
Synagoge

De Kleine
Komedie

Muziektheater

Joods
Historisch
Museum

Hortus
Botanicus

Plantage Middenlaan

Artis

Zoölogisch/
Geologisch
Museum

Doklaan

Heren

Waterlooplein

Waterlooplein

brandts-
ein

Willet-
Holthuysen-
Museum

Nieuwe

Keizers-

Plantage

Aquarium

Amstelhof

Amstel

Nieuwe

Weesperstraat

Prinsengracht

Plantage Muidergracht

gracht

Muidergracht

stelkerk

Magere
Brug

Nieuwe

Kerkstraat

Muider-

gracht

5

Nieuwe

Theater
Carré

Achter-

Universiteit

straat

Mauritskade

Universiteit

Diamantbeurs

Nieuwe

Singel

Utrechtsestraat

Weesperplein

Frederiks-
plein

OOST

Oester-
park

Sarphati-

Rhijnspoor-
plein

A. Bonnstr.

Wibauths.

Nederlandse
Bank

Stadhouderskade

Amstel

Amsteldijk

Ruysch-

Wibautstraat

O.L.V.
Gasthuis

Oosterparkstraat

Beukenweg

6

Synagoge

Cuypstraat

Govert Flinckstraat

Jan Steenstraat

ste

3e Ooster-

129

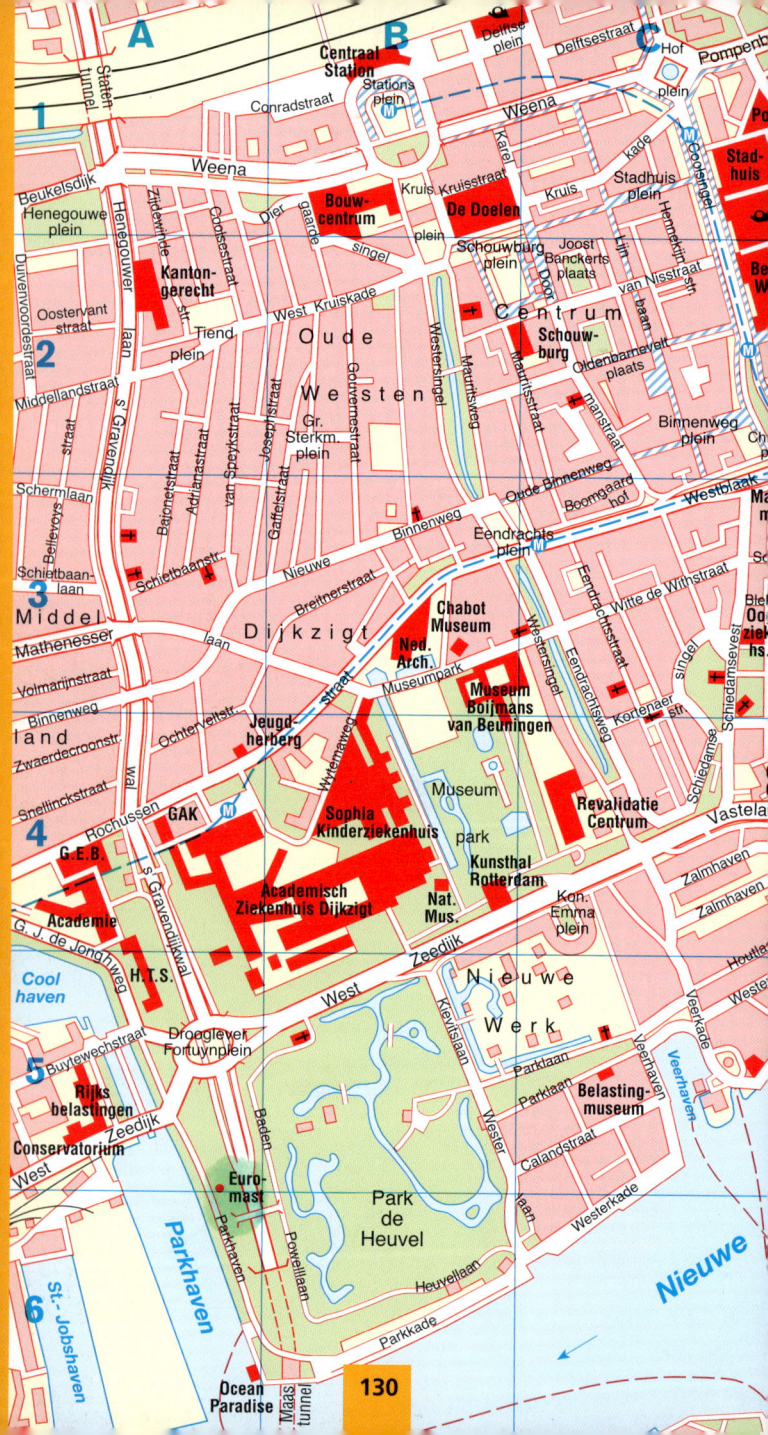

Goudse kade
Fr. Coenenstraat
Herman Robbersstraat
Sint Jacobs
plaats
singel
Meent
Marnixweg
Achter
Klooster
Lombard
Binnenrotte
Bredestr.
Kip straat
Hoog straat
straat
Oppert
Boterdor
Ontd. n.
Ond. m.
St.
Laurens
Kerk
Groenendaal
Burg. v. Walsumweg
Valkenstr.
Delftse
veer
Gr. Kerk
plein
Kerkplein
Nieuwe
Kolk
Grote
markt
Spaanse.
Haringvliet
Hoogstraat
Steiger gracht
Keizerst
Nieuw
Soc.
Acad.
Oudehaven
Haven
ziekenhuis
Tropicana
chielands-
huis
Blaak
Station
Blaak
Maas boulevard
Plein
1940
Wijnstraat
Wijnhaven
Mariniers-
mus.
Witte
Huis
Marinier
Willemsbrug
eum
Mus.ship
de Buffel
Wijn haven
Wijn
Water
stad
Verlengde
Boompjes
Maaskade
em
Bier
haven
Buffel
Glashaven
Scheepmakershaven
Scheepmakers
kade
Hertekade
Spoortunnel
Maas
Rederij
haven
Scheep
Boompjeskade
Noorder
Eiland
Van der Tak
straat
Koninginnen
brug
Boompjes
Terwenakker
Schiedamsedijk
Leuvehaven
Burg.
Hoffmanplein
Stieltjes
plein
Maaskade
Hendrik
Koningshaven
Willems
plein
Erasmusbrug
Prins Hen
drikkaan
Prins
Stieltjesstraat
Binnenhaven
Louis Pregerkade
Levie Vorstkade
Museum v.
olkenkunde
Spoorweghaven
Laan op Zuid
Posthumalaan
Afrikaander
Buurt
Willelminakade
Otto Reuchlingweg
Rijn
Hillekop
plein
haven
Rotterdam 6
Koninginne
hoofd
300 m
Katendrecht
131
Rijnhaven Z.Z.
Brede Hilledijk

total relaxed in den urlaub: übung für fortgeschrittene

1. schliessen sie die augen und denken sie intensiv an das wunderbare wort „ferienmietwagen zum alles inklusive preise". stellen sie sich viele extras vor, die bei holiday autos alle im preis inbegriffen sind:

- unbegrenzte kilometer
- haftpflichtversicherung mit min. 1,5 mio €uro deckungssumme (usa: 1,1 mio €uro)
- vollkaskoversicherung ohne selbstbeteiligung
- kfz-diebstahlversicherung ohne selbstbeteiligung
- alle lokalen steuern
- flughafenbereitstellung
- flughafengebühren

2. atmen sie tief ein und lassen sie vor ihrem inneren auge die zahlreichen auszeichnungen vorbeiziehen, die holiday autos in den letzten jahren erhalten hat.

   sie buchen ja nicht irgendwo.

3. nehmen sie ganz ruhig den hörer, wählen sie die telefonnummer **0180 5 17 91 91** (12cent/min), surfen sie zu **www.holidayautos.com** oder fragen sie in ihrem reisebüro nach den topangeboten von holiday autos!

kein urlaub ohne
holiday autos

MARCO ⊕ POLO

Für Ihre nächste Reise gibt es folgende Titel:

Schreiben Sie uns!

Liebe Leserin, lieber Leser,

wir setzen alles daran, Ihnen möglichst aktuelle Informationen mit auf die Reise zu geben. Dennoch schleichen sich manchmal Fehler ein – trotz gründlicher Recherche unserer Autoren/innen. Sie haben sicherlich Verständnis, dass der Verlag dafür keine Haftung übernehmen kann. Wir freuen uns aber, wenn Sie uns schreiben.

Senden Sie Ihre Post an die MARCO POLO Redaktion, Mairs Geographischer Verlag, Postfach 31 51, 73751 Ostfildern, marcopolo@mairs.de

Impressum

Titelbild: Mühle (Ernst Wrba)

Fotos: Bildagentur Kliem (50, 92); R. Hackenberg (72, 79); HB Verlag (63, 66, 67, 69); HB Verlag: Kluyver (U. l., 1, 2 o., 2 u., 20, 26, 27, 41, 42, 52, 53, 81, 85, 87, 93, 94); U. Kluyver (U. M., U. r., 4, 5 u., 7, 9, 11, 12, 14, 16, 18, 22, 24, 25, 28, 31, 33, 35, 39, 46, 54, 56, 62, 74, 80, 88, 96, 98); I. Knigge (5 o., 60); laif: Hotto/Kohn (100); Schuster: Martin (6); E. Wrba (111)

3. (9)., aktualisierte Auflage 2004 © Mairs Geographischer Verlag, Ostfildern

Herausgeber: Ferdinand Ranft, Chefredakteurin: Marion Zorn

Redaktion: Nikolai Michaelis, Bildredakteurin: Gabriele Forst

Kartografie Reiseatlas: © Mairs Geographischer Verlag/Falk Verlag, Ostfildern

Gestaltung: red.sign, Stuttgart

Sprachführer: in Zusammenarbeit mit Ernst Klett Verlag GmbH, Stuttgart, PONS Wörterbücher

Bloß nicht!

Ein paar Tipps und Ratschläge, damit Sie im Umgang mit den Niederländern nicht anecken

Erster Kontakt gleich auf Deutsch

In den Niederlanden wird Niederländisch gesprochen. Kein Mensch erwartet aber von Ihnen, dass Sie dieser Sprache mächtig sind. Versuchen Sie, erste Kontakte auf Englisch zu knüpfen. In Holland spricht fast jede und jeder Englisch – oder versteht es zumindest. Niederländer sind überaus hilfsbereite Menschen, die Ihnen gerne den Weg zeigen – vorausgesetzt, sie werden freundlich danach gefragt.

Strandburgen graben

Die an der deutschen Nord- und Ostseeküste so beliebten Strandburgen sind an den hiesigen Stränden verpönt. Die Niederländer empfinden dieses »Territoriumabstecken« als deutsches Machtgehabe. Das niederländische Credo lautet vielmehr: Der Strand ist für alle da.

Fotos von Prostituierten machen

Machen Sie keine Fotos von Prostituierten. Die leicht bekleideten Damen hinter den Fenstern werden Sie zurechtweisen, wenn sie merken, dass Sie eine Aufnahme machen wollen. Schlagen Sie eine solche Warnung in den Wind, kann es durchaus passieren, dass die Frau (oder ihr Zuhälter) Sie verfolgt und den Film aus Ihrer Kamera zerrt. Und wundern Sie sich nicht, wenn dann auch die ganze Nachbarschaft dabei zuguckt und den Vorfall lautstark beklatscht!

Stehen bleiben, wenn Sie eine Fahrradklingel hören

Achten Sie in den Niederlanden immer und überall auf Fahrräder! Wenn Sie als Fußgänger in einer Stadt unterwegs sind, sollten Sie unbedingt auf die Fahrradklingeln reagieren und schnell zur Seite springen. Erschrecken Sie auch nicht, wenn Ihnen Drahtesel in einer Einbahnstraße aus der verkehrten Richtung entgegenkommen. Und machen Sie sich nichts draus, wenn Sie im Auto vor einer roten Ampel warten und die Radfahrer links und rechts an Ihnen vorbeisausen.

Den Blick in den Rückspiegel vergessen

Bevor Sie zum Aussteigen die Autotür öffnen – auch auf dem Beifahrersitz oder dem Rücksitz –, müssen Sie sich zunächst immer vergewissern, ob nicht gerade ein Fahrrad vorbeikommt. Ein Fahrschüler fällt in den Niederlanden automatisch durch die Führerscheinprüfung, wenn er die zwei obligatorischen Kontrollblicke in den Rück- und den Seitenspiegel vor dem Aussteigen vergisst.